為臺灣老兵
說一句話

周賢君——著

序

王澤群

我與周賢君女士素昧平生。別說見面，連電話也不曾通過一次。

我們是在博客上邂逅的。可能是對於我的文字有一種天生的信任，彼此沒有跟過幾個帖子，周女士便提出了要我幫她看看她想寫的一本書。

因為年輕時搞創作受過許多「前輩們」的擠兌與封壓——這真是一種中國的人文現象？為什麼許多文學上的先行者不肯讓後生晚輩脫穎而出，歡躍前行呢？擠兌，封壓，能起什麼作用呢？民謠不是說了麼：長後浪推前浪，後浪把前浪拍死在沙灘上——所以，做了專業作家之後，我給自己立了一條規矩：凡是後生晚輩在文字處理和創作上有求與我的，我一定全力以赴、絕不惜力吝情。

鑑於此，我答應了周賢君女士之邀，同意為她看稿子。

就這樣，周女士一篇一篇地把她寫的關於臺灣老兵與大陸親人隔絕四十年的悲愴淒零、艱難求生、可泣可嘯的稿子郵件了過來，我當即為她的這本書擬了一個題目：《為臺灣老兵說一句話》。周女士極認可。

我大概給幾十位後進晚生修改過、推薦過、評點過文字，有些，甚至全盤地幫他們編過自己的處女作文集，並想方設法聯

繫出版且不求任何回報。人都是這麼長大的，文章、作家概無例外。這些後進晚生甚至做了省級作協主席、省級刊物的主編，成了有一定知名度的作家、詩人。

周賢君的這本書卻有些不同，簡述如下：

這是一部用自身的血和淚的、撕痛了的經歷寫出的一本書；

這是一個沒有多少文學準備的業餘之外的業餘作者努力寫成的書；

這是一個肩負著家庭、歷史的責任，特別是父親的囑託，認真寫作的一本書；

這是一個有心對內戰割裂四十多年的人民百姓想團聚、要團聚、求團聚的真心告白，進行了人心、人性、人本有所探索的書；

這是一個女兒對她的苦難父親的真愛的一本書。

我個人以為，這是一本薄薄的、卻又是沉重的書，是一本在當下浮華的文藝氛圍裡認真回望歷史和人生的書。於是，我放下手中的所有創作，花了三個多月的時間，把賢君發來的十幾篇文章，細細地看，細細地讀，細細地想，然後，再細細地一遍一遍地改。有的文章，修改了七八遍、甚至十幾遍。嚴格地說，賢君的文學準備是不大到位的，特別是她是在臺灣受的教育，又因為愛情遠嫁丹麥，在用大陸通俗的文字表達上有較大的差距，她是個有思想的女性，卻不是一個邏輯思維審慎完善的女人；因為文化的差異，她常常是詞不達意，但基本的初衷卻很深刻，那就是人是要親情的、要理解的、要寬容的、要適應社會的巨大變革的。沒有這些，人何以為人？人何生於世耶？

歷史的巨大命題這裡不說，也不是我們這一介草民可以說清楚的。只是這一峽相隔的兩代中國人，經歷了多少情感痛苦就值

得讓人深思：人類，這個地球誕生的驕子與怪胎，總是演繹著一些不可捉摸的事情：世界上最能幹和最聰明的人——總統、元首和科學家——他們把最主要的精神與精力，不是用在讓世界更美麗、更和諧、更富足；而是在研究「如何殺人」。戰爭、核武、最新式的武器，無一不是為這個目的而「茂盛發達」的。而這個「茂盛發達」帶給芸芸眾生們的苦難，只會增加、增重，而不會減少、減弱。誠如元代名家張養浩的名句：興，百姓苦。亡，百姓苦。

周賢君女士的這本小書，正是「百姓苦」的一個真實記錄。然而，兩岸的小百姓，苦，卻也樂觀，也堅強、也滿含希望。這也是我為之感動的原因吧。

多說一句吧：幫賢君將書稿改完，我的應諾與任務已算是基本完成。但賢君一定要我為她的這本小書寫一個「序」。

她的理由是我為這本小書操過許多心，對她的文字也最有發言權。

確實，為十幾萬字的文章斷斷續續耗費了我三個月的時間，於我，也是此生只有這一次。卻仍然是只有一句話：一切皆是緣。誰讓賢君碰上個我呢？何況，我也不是最好的工匠，只是我能夠盡力而為之罷了。

在平凡的重複中重複著平凡。這是一個小民如我，剛剛能夠做到的。

二〇一四年十月二十四日　於看雲齋

代序
進出歷史

父親周昇雷於二〇〇六年三月辭世。

至今，我卻沒因為父親的離開流下一滴眼淚。

但夜深人靜，夢醒時分，耳邊彷彿聽到老爸蒼老沙啞的聲音，眼前浮現老爸最後幾年尷尬苦笑的面容，窸窸窣窣，淡淡平平；讓我不禁回想起老爸在世的那些日子，他講過的話，他經歷過的事，他對於大陸、臺灣這兩塊予他是生身熱土的點點滴滴……這兩塊土地上都有他的親人、他的血脈、他的日子……這兩塊土地上又都有他的恩怨、他的追悔、他的故事……我想，父親辭世的時候，對這兩塊一峽相隔的土地有著如許地眷戀吧？也許，還有他的許多未盡的期冀？

作為女兒，我是臺灣老兵的第二代；作為歷史，我是臺灣老兵在臺灣活生生的見證。

我是在臺灣落生的，我的媽媽是臺灣人。然而，大陸上有我的「大媽媽」，有我的同父異母的親哥哥。老爸和他的同事、戰友，僅就我親見、親歷、親聞、親聆，就可以記錄下許多故事，許多情感，許多遺憾。於是，我決定將老爸和他們這一代老兵的事情記錄下來。

本以為一個平凡老兵的故事三言兩句就交代完畢。但一跳進大腦的記憶庫裡，一筆回憶又勾出另一筆回憶；一個情節又帶出

早已沒入歷史的另一個情節。反反覆複，繾繾綣綣，揮之又來，來之卻去……

　　幼年發生的瑣碎小事，青少年時期諸多與我並不相干的事，而老兵們日子與故事，幾乎又都是人生邊緣的許多日子與故事，如今依靠著我的回憶、媽媽、叔叔、伯伯及姨丈的口述，竟譜出我老爸「進出歷史」那平凡卻又不凡的一生。不。不僅僅是老爸一個人的一生，而是這一代臺灣老兵們的一生。……

　　於是，我決定以我並不熟練的文字，寫一本書。

　　一開始，我想先將父親的一生簡化為以下「關鍵字」，準備在大歷史下書寫他的個人傳記：

　　出生、討老婆生孩子、賣壯丁、蔣緯國徐州剿共、投筆從戎、中鼎號軍艦來臺灣、古寧頭炮戰、美援、政府遷台、美軍第七艦隊、在台又結婚生孩子、退伍開計程車、中美斷交、美軍撤台、賣水煎包、開大卡車、酒矸倘賣無、天安門事變、探親、戰士授田證、光男企業倒閉、王金平早餐會報、解甲歸田。

　　上述關鍵字借由電腦網際網路，雖能精確找出實際發生年代及相關背景，但資料看多了反而掉進文字與資料的洪流，摸不著邊際，靠不著案底，許多歷史資料看似重要，但又與我父親何干？

　　於是，便停了筆。

　　停頓兩年，心有不甘。再捉電腦，重新出發。

　　在一次次整理紛亂思緒後，終於抓住了書寫的要旨：

　　我想表達我有一位非常平凡的爸爸，他就如同坐在公園樹陰下乘涼的老伯，有時也如在醫院領號碼牌的慢性病患，或是巷口早餐店的常客，老是點燒餅油條配豆漿……他就是那麼一般的一位老人，也是非常平凡的一個退伍老兵。但是，他又是一個承載

了中華民族的歷史苦難、記錄了兩岸幾十年恩怨的從大陸來臺灣的老兵。不。不是他一個。而是一批、一大批。他們被歷史拋入一道有些必然，亦有些怪誕的洪流，寂寞、平淡地告訴世界：我們是從大陸來臺灣的老兵。

二〇一三年春天回台，拜訪住在中和的姨丈，也是老爸的軍中兄弟。只為再多聽一次那些小故事，張羅幾幀老照片。出乎意料，姨丈拿出一疊塵封已久、我從沒看過、甚至不知道它曾真實存在的歷史照片，瞬間彌補了我心中的大缺憾。

雖然花了四五年收集整理老爸的大事記，也陸續完成一篇又一篇的短文；但每每想做全書連貫整合，卻覺得還有一些重要環節脫鉤沒交代，是什麼，卻又說不上來。

直到姨丈給我的三張黑白照片出現──其中一張拍攝於民國三十八年八月十二日（一九四九年），我的父親周昇雷蹲坐在金門之熊戰車車體上，他乳臭未乾、玩世不恭、惱怒不屑的眼神，瞬間讓我找到二十三歲父親的模樣。

照片中戰車車體佐證了我的故事內容。這也是我首度見到父親剛到臺灣第一年的神情。揣摩他當時對未來充滿不確定的心情。我想，那一刻是多麼彌足珍貴，那是他人生最大的轉捩點啊！幸而被我在這裡找回了。

當年因遵奉黨國指針「一年準備、二年反攻、三年掃蕩、五年成功」，官兵全面禁止結婚，導致父親流浪臺灣十二年未成家。若非後來有了家庭，一字一紙一照片都沒有任何意義，又如何會有我？

我一直以為政府遷台初期，民不聊生，哪裡會有相機？孰料還真有？還真就留下這些歷史的「珍貴」。感謝我有一位玩攝影的姨丈。雖然這三張陳年舊照讓我心情無比沉重，有如坦克車壓

過心上般喘不過氣，卻又深怕有更多遺漏而捨不得收稿。

　　但心中還是有了扎實的肯定：我找到答案了！我找到那脫落的螺絲了！我找回父親在台五十八年的原點了！

　　於是，我知道了：我要為臺灣老兵說一句話。

　　雖然，這個念頭折磨了我很久，很久了。但今日成書，且在大陸——我的老爸和我的根——正式出版簡體字版及在台灣出繁體字版。我的心，也就可以放下了。

　　是為自序。

　　　　　　　　　　　　　　賢君二〇一四年八月　識

目次

一
我的父親周昇雷

　　我的父親周昇雷，江蘇省徐州市銅山縣張集鄉賀樓村人。生於民國十六年（一九二七年），兄弟中他排行老五，是爺爺的么兒。在我們老家，么兒總是被大人格外寵愛的，父親也不例外，好吃的，好穿的，爺爺奶奶總是先盡著他。所以，他的童年、甚至於是少年、青年時代，應該是活得無憂無慮。十八歲，爺爺奶奶就給他「降」了一個媳婦回來，他也不甘落後，很努力地做男人，很快就生了一個兒子，也就是我現在的大哥：周夢月。我不知道這個名字是誰給大哥起的？一個大男人，農民，卻有這樣一個雅致的名字？夢月？……是不是昭示著我的大哥此一生，只能「夢月」，而無法與生父好好團聚呢？……

　　這真是天緣、天機，凡人無可預料。

　　在我們老家，娶妻生子，就是成年人了。成年人當然也就受人尊敬。所以，在賀樓村、乃至張集鄉，鄉人見了父親皆稱呼為「五哥」。

　　五哥。伍哥？是不是昭示父親是個當兵的命耶？我也不知道。……

　　果然，五哥二十歲上便做了「伍哥」。

　　那時候的老家，耕作方式是很落後的。父親年輕，要做的農活皆是「苦力」。他不勝其力，更不勝其煩；雖然他從來沒有明說，但我以為父親所以自賣壯丁，與他厭惡農村苦力這一命運是極有關係的。父親看到國民黨來招兵，不僅有一身黃軍裝，而且不需做農活了，而且吃得比家裡還要好，父親並沒有與爺爺奶奶商議，鋤頭一扔，報名當兵。

　　年輕不省事，並不知道妻嬌子幼，正需要他頂戴照應，自己卻參加了隊伍。

　　不料，到了部隊，才知道這也不是個什麼好營生兒。吃的一般，管的太嚴，天天要立正、稍息地訓練，夜夜要站崗、放哨地值班。一個農民，閒散慣了，突然要號聲裡起床跑步，半夜裡抓槍站崗，還要仔細小心地伺候從班長、排長、一直到連長——賢君想，那時候的父親，最多也就是看見過個連長吧——又思家心切，難以適應。越幹越不對勁兒，越幹越覺得這當兵沒什麼意思。於是，跟了幾個同鄉，半夜裡離開軍營，做了逃兵。好不容易風餐露宿，輾轉回到老家，才發現這「逃兵」更不好當。蓋因當時國共兩家正打得厲害。共軍方面他不知道如何處置逃兵，國軍方面對「逃兵」懲罰極烈，抓住了就槍斃，絕不饒恕。父親躲躲藏藏不敢見人卻又苦無活路，牙一咬，再次報名當了兵！……

　　這一次的運氣好，父親幸運地分配到徐州裝甲兵學校學習。因戰局緊繃，沒學習幾日，父親及其他兄弟三十人算是裝甲兵先遣部隊，為了保衛「故宮國寶」及押運重裝備武器，在徐蚌會戰尚未失控前，於民國三十七年（一九四八）十二月二十六日搭乘「中鼎號」軍艦，抵達臺灣基隆港。

　　坐軍艦讓父親和他的一般兄弟們很好奇、很新鮮。卻不知道

「此一艦南下萬里」，從茲告別了家鄉父老、生身熱土，只淪落為一個「臺灣老兵」。

等蔣家父子一併退守臺灣，大陸上宣布成立了中華人民共和國，到處紅旗飄飄，臺灣卻一片悽惶，老兵們的生活很苦。因早期政令「一年準備、二年反攻、三年掃蕩、五年成功」，民國四十一年（一九五二）國家制訂「戡亂時期陸海空軍軍人婚姻條例」，普通士官以及士兵無論年紀多大，全面禁止結婚。到民國四十八年（一九五九）婚姻限制鬆綁，以解決部分已私婚和提振軍中士氣，我的父親才於民國五十年（一九六一）再婚，娶了臺灣籍我的生母王甘，那時他三十六歲，正好是他當年在家鄉結婚年齡的一倍。

這一次冷曠了十幾年的父親，知道了家的好，妻子的好，他就努力地「生產」，在他四十一歲退役時，已有四個幼小的孩子。我是家中老大，正是最調皮搗蛋的年齡，需要父親隨時嚴加管教。因此父親沒有接受榮民工程處建築大隊海外建築優渥薪餉的分派，或是到梨山荒地種蘋果。父親已有一次自賣壯丁，與大陸兩地隔絕、親友拆散、相思痛苦的經驗，所以，再多的金錢收入，都無法誘惑、說服父親再度拋家棄子，去接受世人眼中光榮高薪的工作。

父親服役於裝甲兵戰車營二十二年後退役，用微薄的退伍金台幣二萬伍仟元買了一部二手老爺車，在台中地區開計程車以養活一家人。

父親的故事我知道的不多且很平實。

簡單而言，我有一位開計程車老芋仔老爸。我有一位當過守衛的老爹。我有一位父親，但他的前段三十六年人生對我是全部

空白，他的第二段二十年壯年期人生我原先也沒有興趣、沒有去
認識。等到受了諸多的刺激、懂得了人世艱難，感受到「臺灣老
兵」是一個中華民族一小部分、幾近邊緣人的故事的時候，想要
整理老爸的一生資料，卻又是太晚！太晚！！太晚！！！……

二
陪床記

老爹躺了三個月多月的病床，一日下午突然清醒過來，久久地看著我……不知老爹在想些什麼，我俯下身子正準備詢問，他卻意識清楚地甩我一個耳光?!

頓時，我錯愕、我遲疑、我驚恐……老爹病得這麼重？這，這一個耳光想要表達什麼？……

老爹再沒說話。

我卻突然悟起：小時候，老爹若要我記住某件事兒，常常在叮嚀後，給我一個耳光，讓我不要忘記……

病房裡靜靜的。老爹似乎也不想再做什麼了，他是老年癡呆症，很難清醒的；我的心情卻也沉重下來了……

哦，老爹，老爹，女兒懂得您的心事——您正努力用最後的一絲絲力氣交代我——您要我「一定記好，一定寫好。我們這一代的臺灣老兵。這世上唯一的一代奇怪的、邊緣的、苦難的……臺灣老兵……」

臉上被老爹搧紅的印痕已退，小小心願卻從此萌芽——從那一刻開始，發願要寫下臺灣老兵的故事，因為老爸爸臨終前有這樣一個交代。

寫下簡單的故事，因為他們僅是平凡的老兵；

使用易懂的文字，因為這是老兵自己的語言；

不刻意建構故事架構，因為老兵故事沒有導演編劇；

不刻意修飾故事內容，因為老兵追憶往事都輕描淡寫。

僅憑追隨老兵停留的足跡去記下他們告訴我的故事，他們的生命故事，他們的這一代獨特的生命故事……

腳步很輕，印記很深。

我喜歡聽故事，也決定要開始寫故事；故事沒完稿，淚流已滿面。因為，因為我是臺灣老兵的女兒哦……

二〇〇五年十二月二日得知在臺灣的老爸爸腦溢血中風住院，先生立即買機票讓我回臺灣。一住就是三個月，因為先生不願遺憾的事也重複發生在我身上，可見盡孝是中外不分的。百善孝為先，丹麥人的家庭倫理孝順方式其實一點也不落人——中國人——後。西方子女如何盡孝？似不必在臺灣老兵故事章節中占版面呢。

老爸住的這間病房有五張床，左床張先生肺腺癌第三期，他的脾氣超壞，粗口不斷，沒有他滿意的事情和護士。用不用呼吸器他臉上都呈現紅光滿面，搞不清楚是缺氧窒息或是酒喝得太多。碰到這種病友只能是搖搖頭自掃門前雪，把自己的老爸照顧好要緊，不要被他噴到口水省得麻煩。

右床江伯伯，臺灣老兵雲南人。或許是先天不良，後天失調，身材乾乾扁扁、瘦瘦小小，看似癌症病患，實際他是胃出血，狀況很令人很擔憂。還有兩個床位都是輕傷，待個三五天就出院的病患，有車禍骨折，盲腸炎開刀，還記得有一位中年公務人員腳踝長一顆大的脂肪瘤，無法穿鞋，他來住院做手術，是擔心將來無法慢跑健身。

長住的，短住的，來來往往，也算熱鬧。我就在這裡、這種

環境裡陪伴老爸。

左床張先生自暴自棄，心情好時白開水配藥，心情不好就高粱酒配檳榔。雖三不五時有訪客，訪客幾乎都是來時從容、去時匆匆地被他罵跑了，只因為來訪伴手禮不是張先生所想要的白蘭地或威士忌。有一次被張先生逮到機會得知那探病禮盒就剛好是在樓下超市買的。張先生便騙他的訪友說他需要對發票、中大獎改改霉運，要求留下發票兌獎。等訪客走了，張先生拿著發票就跑到樓下超市退貨、退錢、改買烈酒喝。你說他是不是自暴自棄，要早死早投胎。住院喝洋酒，沒人拿他有法子。而剩餘的，張先生收的蛋糕、保健品、水果禮盒，就全部送給我們及江伯伯這兩床，看來他也挺夠義氣，很厚道。

張先生才五十五歲，有兒有女，但他早已離婚。有兄有妹卻是從不聯絡，沒有任何近親來探病。來探病的都是生意往來的朋友，或許看在訂單的面子上吧。在這病房內就屬張先生話最多，語無倫次且不知主題為何。動不動就臭罵三字經，從美元罵到歐元匯率，從東岸罵到西岸、特別是兩岸。他提高嗓門大喊都是為了要吸引江伯伯的認同。

本以為江伯伯如同我老爸也是患有老年癡呆症，注意到他手掌會不由自主地抖動。他女兒氣憤憤地說：「是酒癮發作啦！喝酒都喝到胃出血啦！」我能讀出她心中的憤怒，她的下一句「喝死算啦！」只差沒有說出口。

江伯伯的兒子二十歲，住在高雄學修車；這個女兒二十三歲，但看起來不到二十歲。

花樣的少女無怨無悔地替父親把屎把尿，淨身著衣，只因為他們窮，請不起高額的特別看護，因此，江伯伯除了吃藥、打針、量血壓、量體溫等在我們家屬眼裡看來都是不磨損指甲的輕

鬆工作由護士擔任，其餘費心、費體力的翻身、拍背、清痰、淨身或推出去放風、散步等都是家屬的責任。

再一次遇見這種老夫、嫩妻、孩子小的組合，而這類家庭組合只會發生在老兵的身上。

江伯伯的女兒在豐原市一家時尚髮廊上班，其實她還是建教合作的學生，建教合作就是美容美髮科的學生到髮廊實習練手藝，除了學費不高的優點外，在校外實習髮廊也會提供住宿、供應三餐及給一點不高的零用金算作薪水。

江伯伯的女兒都是晚上十點下班後，早上十點髮廊開業前，利用這段私人的時間來看護照顧她的老爸爸。原先我並沒概念江伯伯的胃出血有多嚴重？直到有一次江伯伯拉下急救鈴，聽到拉簾帷幕內兩個護士快速合作地把床單、被單、塑膠隔離墊全部換掉抱去洗衣房，而伯伯自備的睡衣、睡褲、內褲沾滿血便都脫掉後，就丟在床角下等家屬處理。再來了一位清潔地板的清潔工。拖地時順便把髒衣褲塞在清潔袋內，綁死了等江伯伯女兒自己來處理。我這才知道江伯伯的胃出血實在是如此可怕且麻煩、且骯髒。

好在兩位護士駕輕就熟，前後不過三十分鐘，便讓病房又回復到原先的乾淨，整潔。她們再使用重重的酒精壓過原先快要暈倒人的臭屎味。我雖然什麼也沒做，甚至隔著簾幕只能以聽代視。但卻一直忍耐憋氣不敢出聲。深怕讓江伯伯病上加愁，對身體更有不適。

江伯伯的女兒不在，一切由護士包辦。護士順便幫江伯伯淨身，且給他包上成人紙尿布。

病房重歸安靜，病人們紛紛又睡過了一輪。老年人的覺多，時間卻奇短，貓打盹似的。江伯伯已緩和過尷尬情緒，便開始稱

讚我老爸做人成功，妻賢子孝、家屬隨侍在側。因為他眼見我值日班、媽媽值大夜班，弟弟住附近二十四小時STAND BY。因父親塊頭高大，噸位超標，當我們需要幫父親換洗清潔、那類不需特別描述的事情的時候，我們家是我、我媽、我弟弟三人一齊上陣才能搞定。

一床之隔，江伯伯見了，感慨異常。長歎一聲，道：「周先生，您是有福之人吶！……」

臺灣老兵基本上都是老夫嬌妻。但江伯伯的老婆為什麼從不出現，我不敢問。

倒是江伯伯做人爽直不繞彎，長籲短歎了幾聲後說：「女兒三歲時，老婆就跟人跑了。那人是小白臉兒麼。年輕耶！……」江伯伯說，他的老婆在外面住了兩年，跟那人生了一個兒子。把兒子丟給娘家養，她卻仍然跟著那人不知去向。老婆離家二十年沒聯絡也沒辦離婚，後來不得已，還是江伯伯認了，他自己來養這個兒子。因此男孩戶籍登記為江伯伯的親生兒子。而他那跟人跑了的嬌妻與江伯伯的年齡差了二十歲。是個山地胞妹，有原住民血統，但是哪一族的我只是聽，根本沒敢問。

晚上十一點江伯伯女兒下班來了，看到那一大包污穢衣物等著她洗。不必再敘述她將如何罵人、發脾氣，反正江伯伯就得默默地接受挨罵。

女兒是他唯一的骨肉，父女情深麼。愛的深，也罵得狠。

罵歸罵，收拾服侍這病中的老父親，還真是虧了這個女兒。喝酒把自己喝成了這個樣子，簡直沒有道理。但想想江伯伯的這一生，一個臺灣老兵娶了那樣的一個山地胞妹，一走二十年，不離婚，無音信，這江伯伯又能怎麼活呢？他不以酒澆愁，他還能做哪樣？喝。喝。喝。喝死算了。真個是醉生夢死！卻又落得個

不死不活的胃出血！

　　折騰了自己，也折騰了花樣年華的唯一女兒……

　　那一日的傍晚，我並沒有很餓，在病房裡煩了，隨便到外面晃一晃，結果提了一杯「熱仙草」回來了。

　　醫院的景福樓一如往常，許多人站在大門口抽煙，其中包括隔壁床的張先生。他抽煙、喝酒、嚼檳榔樣樣來，且宣布現在僅是在等死，早已簽字條：「不接受急救」。

　　張先生的搭檔也就是老兵江伯伯也是站在門口一群人中的一位病患，狀況也好不到哪兒，托著點滴架，披件薄夾克，可笑的是他手中拿著一杯咖啡紙杯，這種舉動騙得了進出醫院的病友，騙不了醫護人員，等一下江伯伯的女兒來探班可又要發飆了。

　　遠遠地就看見江伯伯揮手，招我過去與他聊天。好吧！我吃我的「熱仙草」順便陪拿著咖啡紙杯的伯伯聊天喝悶酒。

　　「這一口氣通了！就舒暢，發發汗就舒服了。」胃出血這樣厲害仍然不肯戒酒，而且，對自己的嗜酒有著這樣堂皇的理由解釋，看來江伯伯沒喝醉，兩手也不再顫抖。他很平穩地拿著咖啡紙杯，久久才小酌一口，身後塑膠袋內還有半瓶米酒頭留著明天喝。

　　「喝了一輩子，這日子才過得下去。」江伯伯似乎是自言自語，其實他是向我解釋他為什麼要喝酒的原因。我對這些老人，有一種本能的麻木──現在想來，真是我的不對──知道他們的日子都過得艱難，身體的，心理的，都不是一般人能夠承受的。老來，又病成這個樣子，江伯伯不發脾氣、不罵人，江伯伯不以酒澆愁似乎就更無道理呢。伯伯抿著酒，問我年紀、工作等等尋常話。照顧老爸好一陣子了，他家的狀況我都能夠如數家珍，他

女兒也都與我聊過，我以為我家的狀況他女兒也都會向他「報告」。父女連心，又是在病房這種極無聊的地兒，應該是家長裡短地無話不說吧。想不到江伯伯只知道我姓周，其他的情況一概不曉？我真真地有些吃驚呢。

江伯伯問到我的年齡，我便如實回告：「我是民國五十一年（一九六二）出生的。」

江伯伯聽了，馬上有了反應：「周小姐，你出生時期，我也才剛到臺灣沒幾個月……」

我大驚訝：「怎麼會呢？聽我老爸說，他們是民國三十七年（一九四八）就來臺灣啦？政府也不過是三十八年就遷到臺灣了麼……」

江伯伯手一揮：「丟它的。你老爹他們好命，那時候就到臺灣了。我不是。我是一直在滇緬反共救國哪！一直到救不了國，反不了共，才撤到臺灣啦。沒錯兒。周小姐你出生前不久，我才到的臺灣。」

再出來的句子「滇緬反共救國軍」、「美援軍備」、「金三角佔領區」、「蠻夷緬共、泰共、寮共、中共……」、「老蔣祕密軍隊……」一連串的軍事用語，聽得我一頭霧水？

不懂。完全聽不懂。他說些什麼啊？……那些都不是現代人的常用詞，也不是爸爸他們臺灣老兵們常用的詞兒。而「滇緬」兩個字兒卻一直重複出現……

父親民國三十七年（一九四八）底來台，國民黨政府三十八年遷台，臺灣的外省人及老兵不是老說「我們是三十八年那一批的！」後來又知道還有三十九年韓戰那一批的，怎的現在站在我眼前喝悶酒的江伯伯，又是另一批「民國五十年的滇緬孤軍哪？」差了十年！

我大驚訝，手中的「熱仙草」差一點兒就跌落地上。

撤退遷台不都是一九四九前後嗎？生於廝、長於廝、小小的臺灣一塊土地，短短的歷史才幾十年，竟然就有我不知道的歷史？從小自詡為「老兵子女」，自以為能講幾句標準國語，自以為身分證上祖籍是大陸，到頭來只是多吃幾個包子饅頭而已。原來臺灣的老兵還有一批是滇緬孤軍？

老爸沒說過。學校沒教過。電視媒體沒報導。是我太無知？是臺灣社會太冷漠？還是滇緬孤軍是禁忌話題或是不值一提？而晚來台十年的江伯伯，一樣是娶了一個「嬌妻」山地妹，一樣是愁腸九結、滿腹心事喝悶酒，一樣是住在這五人一間的病房裡「胃出血」！

老兵江伯伯少年時原是雲南逃難的難民，一九五五年他苦無活路，在滇緬邊境加入國民黨祕密留在金三角佔領區的「反共救國軍」。那年江伯伯才十七歲，沒受過軍事訓練，跟著老兵在滇緬邊境地帶打中共，打緬共，九死一生卻一直沒打贏過。一九六一年三月臺灣安排滇緬孤軍的第二梯次撤軍，他才來到臺灣，編入陸軍特戰隊，在台服役十五年。終因早年「打游擊」傷及腸胃，子彈碎片留在腹內些許年，直到一九七七年在臺北榮民總醫院開刀取出碎片的同時，也切除一大半的胃，他的命才算是真正保住了。伯伯的胃出血是早年背機關槍「打游擊」，身在偏遠山區、荒瘠不毛、醫療不及之地，沒機會受到恰當醫療，而留下的慢性病惡疾。伯伯掀開上衣給我看一個刀疤傷口，刀疤的下方還有一個窟窿，是落難於滇緬時期的槍傷，原先以草藥敷泥癒合而成。就留下了咖啡色的疤。伯伯的小腿兩次被毒蛇咬傷，至今仍能看得出曾經潰爛難堪，讓人不舒服。伯伯看出了我的尷尬，他停止喝酒，茫然看向遠方……

我卻不安了，趕快找話和他說：「伯伯，你雖然來臺灣晚，可是你的經歷真的很曲折、苦難呢。」

伯伯看我一眼，輕聲細語地說：「周小姐吶，我少年沒讀書，不會論述那一段的歷史。沒文化耶。沒法講戰爭的苦，死好多人喲……不是被槍炮打死的，都是被命運折磨死的喔……唉！弟兄們的臉孔就是揮不掉喔……就像是黑白照片刻在腦殼裡，死死地記得住了。他們不肯走哇……」

我的眼淚便一直流，一直流；酸酸的鼻水就一直淌，一直淌……

我很想抱一下伯伯，就像我常常從父親後面突擊重重地抱他一大抱，聞聞老軍人的鐵銹汗臭味。但是……我想到了，卻做不來。畢竟，他只是我陪床老爸時在病房裡認識、卻並不熟悉的一個參戰滇緬的臺灣老兵。

而江伯伯反覆念叨的一句話就是：「周小姐吶，你們不會懂得戰爭的苦吶！不堪回首，痛苦說不盡耶！……」

伯伯的痛苦說不盡，超越我對「滇緬孤軍」的認識及想像。為什麼？他們為什麼要在那裡堅持十幾年？堅持十幾年又為了什麼？……我需要時間來擦掉未乾的眼淚及平復亂七八糟、五味雜陳的感受和情緒。世間怎麼會有這等殘忍不公的事情，我為自己曾經冷淡看待老兵江伯伯及他們那一家而慚愧，我老爸的遭遇，遠不如江伯伯呢！雖然老爸的故事已讓我心有千千結，說又心酸，不說心不甘。

我對自己立即的懲罰，就是慢慢爬樓梯回病房。爬一層樓，減一分罪惡感；爬八樓，減八分。但我知道，我真正的目的是自覺羞愧需要躲起來，需要獨處，需要再想想剛剛這一小時聽到的故事是怎麼一回事。「滇緬孤軍血淚史」。一九六一年遷台。拖

了四十五年直至老爸住院，我才耳聞這樣的故事。驚恐。慚愧。
羞辱！

我還是臺灣人吶？我還是臺灣老兵的第二代吶？臺灣老兵屈
辱的故事，屈辱的歷史，我竟然都不知道？我的大學畢業證書當
時如在手上，會慚愧地馬上撕掉。自知不配，真的是不配。對於
臺灣老兵的歷史和故事，我還真得好好地聽，好好地記，好好地
向世人敘說……

病房裡，父親虛弱得無法撐起身子去看看四周，甚至沒有多
餘的力氣咳嗽、打哈欠。他也早就放棄了吵著「帶我回家。回賀
樓。」等字眼了。大陸的江蘇省徐州市銅山縣張集鄉賀樓村，是
老爸此生再也不能圓的夢了……

那天，下午出門買了一條漂亮的木瓜，對切一半清掉所有木
瓜籽，半條木瓜給江伯伯自己「瓦」來吃；另外半條一口一口小
心地餵老爸：「啊……老爸乖耶。張開口慢慢吞喔……」「好。
好。好來。再一口喔！……」熟悉的動作，所有的感覺都還在，
重複著幾十年前的語言，唯獨角色互換的是：乖乖張著嘴的是老
爸爸，滿足、感激的是老爸的女兒。只要他能吃上一口，慢慢地
緩緩地嚥下去，我便對他老人家充滿了感謝，感激。

父親好久好久沒說過一句話了。父女溝通的肢體語言心有
靈犀。他剩下動動手指的體力劃兩下，我便趕緊俯下身子聽聽他
需要些什麼；他示意地表示要舉起手臂，要搭在我肩膀上？還是
要再和我說些什麼？……我不知道。真的不知道。突然，我記起
了老爸終於醒來、意識清楚地搧了我一個耳光。是的。是的。父
親要做的我都努力揣測幫忙來完成最後的動作。我跪了下來，用
我的雙手扶著老爸毫無力道的手臂，重重地打了自己一個耳光。

「老爸。女兒記得。一定記好。一定寫好。你們這一代的臺灣老兵。這世上唯一的一代奇怪的、邊緣的、苦難的……臺灣老兵。……」

那時刻最遲疑的不知是否該讓父親再打下第二個耳光？老爸卻強硬地抽回了他的手臂，就那樣無力地垂在了床邊……

我看著老爸的眼睛，他笑了。是眼睛笑了。我讀到父親斬釘截鐵的眼神，他從很遠很遠的地方，很肯定地看著我，那眼神霎時又變為慈愛的，叮囑的，他的眼神告訴我「記好。」

時光語言是沒有文字的天書，而「記好」這兩個字是父親的口頭禪。意思為囑咐兒女要記住父親的叮嚀，好好做人。好好記住他的叮囑。一個小小的動作，垂在床邊的手臂，一個眼神、清醒的眼神。其實是父親耗用盡所有力氣來完成的。

感謝老天爺。這是父親在老年癡呆症的晚期，意識清醒的叮囑。

外面烏雲滿布，玻璃窗上看到白蟻也盤結在窗橡，想進屋內來躲雨。老爸爸呼呼睡著，張先生也呼呼地睡著。而江伯伯又進入夢遊恍惚狀態，似乎在自說自話。他曾經說過清境農場的雲很白、天很藍，風景很漂亮。……臺灣人稱清境農場為臺灣的小瑞士。可江伯伯說，再漂亮都沒有大陸雲南滇緬的風景漂亮。……看景在於看日出，如要能看到滇緬的高山日出，就得活過那處處是瘴虐之氣的荊棘叢林，或是隨時有毒蛇猛獸侵襲的深淵黑夜。他說他再也看不到了。看不到大陸雲南滇緬的日出了……

窗外，雷鳴電閃大雨如注。空氣中一股陰陽不協調之氣，好像磁場漏了電，病床椅子桌子都是鐵製品，什麼都沒碰就感覺似乎被閃電打到且是打中了後腦勺。我的太陽穴、牙關節、頸肩一脈相連一氣兒全疼。我趕快重重地服下二顆止痛藥，呆呆地、無

力地坐在病床旁，等待疼痛期慢慢熬過去。

三張病床。三個老人。

這是一間時光倒退的病房。老爸、張先生已奄奄一息。只有江伯伯，雖然睡著了，似乎過去的他那些埋在叢林亂葬坑幾十年的弟兄鬼魅又來找他聊天了……他嘴巴咕嚕亂說著不知是雲南話、緬甸話或是鬼魅語言。猛然間又無意識地揮兩下手，似乎有某種無法忍受的痛苦在肆意折磨他，似乎又有成群的毒螞蟻正瘋狂地啃噬他，也有可能他全身正被熱帶雨林吸血毒蚊或水蛭螞蟥貪婪地吸食著……揮舞的間隙，他的手便痙攣般瑟瑟發抖，似是懼怕，又似乎在阻止他的好朋友不要走，他一直抖著，一直抖著，一直抖著……

我就一直那樣無力地呆坐著。頭疼。頸疼。全身都疼。在疼痛中看著這三位老人在延挨著他們的生命。那三架點滴，三支透明的塑膠管子，有一滴一滴的維繫著他們生命的藥水，正滴答、滴答、滴答地注入他們也許已經發硬的血管裡……

滴答、滴答、滴答……滴答、滴答、滴答……是生命流逝的聲音嗎？

全病房的人都病了。

三
顏伯伯自殺

　　在我媽媽的世界裡，親友往來初次見面不會互相詢問「你是從哪裡來？」因為大家都是臺灣人，若是問出這樣的問題，那可就太奇怪了。

　　而在我爸爸的世界裡，初相遇的外省人第一句話一定是「老鄉，哪裡人哪？」

　　這一句問，必牽起他們的思鄉情結，萬種愁緒，甚至是幾聲你噓我應的長歎。

　　寶島臺灣的形狀像一個番薯，因此，臺灣人土話自喻自己為「番薯」，而跟隨蔣介石來臺灣的六十萬士兵則被稱為「芋頭」。所以，大家習慣稱呼臺灣老兵為「老芋頭」，身為老兵的子女——我們——則就成為了「芋仔番薯」。

　　「芋仔番薯」的家庭，夫妻年齡多半差距很大，父子年齡差距甚至是兩個世代。

　　造成這種緣由的原因，蓋因早期臺灣的「法令」，為了「準備反攻」，從大陸過來的老兵不准結婚。直到一九六〇年代反攻大陸確定無望，外省軍人十幾年熬下來漸入高齡，幾十萬老兵變成了國家的沉重負擔。臺灣政府不得不以年輕新兵為部隊換血，來維持臺灣的軍事防務。來台的老兵漸被除役，也開解了他們的婚姻規定。於是，「老芋頭」和臺灣的年輕女人，組成了這種奇

特的家庭，繁衍出一代「芋仔番薯」。所以，我們的祖籍雖是大陸的各個省份、各個縣鄉，但我們幾十年裡長大成人，從業做事，卻從沒有見過「老家」的一個親人，甚至是一點音信。

　　這些臺灣老兵雖屆灰髮中年，但當年多半是來自農村的「壯丁」，教育程度不高，又長期習慣了軍隊生活，一輩子聽從長官命令列事，即使退伍退役後，也還是任勞任怨，自求生路，在臺灣社會的各個角落想盡辦法求生活，求生存。這種時候，想要有一個家，找一個願意相陪的伴侶，就成了他們最大的心事。返鄉無望，資訊不通，中國人的觀念又絕對是「無後為大」，這些老兵便抓住最後機會，趕快結婚好傳宗接代。無奈老兵們政治、經濟條件都不好，只好妥協接受一般人無法接受的婚姻條件。

　　臺灣對服役多年的退伍軍人，尊稱為「榮民」，所謂「榮譽國民」。而那些在一九四八年到一一九四九年隨蔣介石退居臺灣、還有六〇年代初從滇緬撤往臺灣的「老芋頭」們，便有了一個備受欣舞的尊稱──「老榮民」──是要享有國家榮保等一切相關福利的，然而，「老榮民」們事實上卻是沒有半點積蓄的。

　　貧窮又高齡的老兵，不可能娶到年輕貌美或受過良好教育的女子。

　　當年的社會思維、也可能是口耳相傳的結果，臺灣人家庭中有殘障、弱智、被休棄、精神疾病、甚或未及成年就死亡的女孩家庭，父母或兄長會準備一筆小錢，讓媒婆來安排與臺灣老兵的婚姻。

　　這些老兵多半不完全是為了錢而接受了這樣的婚姻，迎娶了這類有缺陷的老婆。為了擺脫一個人在外鄉孤獨的生活、長夜的思念，又能達到傳宗接代的目的，至少生活中有了個「伴」，很多老兵妥協接受這樣的婚姻。個中的淒苦，只有老兵自己知

道……臺灣人嘲笑為「只要是母的。能孵蛋就好。馬馬虎虎啦……」女方家也就達到把弱勢女子丟給老兵照顧一輩子的目的。而女方家準備的婚宴禮，有些就被放進媒婆的褲腰袋裡。

　　早期臺灣民間深信鬼神問卜，在發生一些不合常理事件或運氣不佳、久病不愈、晦氣連連等，穿鑿附會、妄加揣測就有可能產生鬼魅遊魂之說。如家中碰巧曾發生早年夭折的女嬰已達婚配年齡，風水師父的解決方式就是安排冥婚，物件也通常馬上想到單身未娶的臺灣老兵，而這些老兵也都會應承下來，鬼門關上進進出出路都熟了，也不差當世這些形式主義，好歹以後也算是「有家室」的人了。

　　一九六〇到一九八〇年代，臺灣社會如談論到老兵娶年幼妻子，一般會以「老牛吃嫩草」來調侃這樣的婚姻現象。「老牛」，是那些臺灣老兵老芋仔，「嫩草」，則是臺灣弱勢人家裡嫁不出去的女孩子。

　　一九八七年開放大陸探親，有一批單身的老兵回大陸探親後，又形成另一種形式的「老牛吃嫩草」的特殊現象，「老牛」，還是指老榮民，「嫩草」則變為大陸婦女。從一九九〇年代開始，以嫁給老兵的方式來到臺灣的「議題」，引發社會側目。

　　同時期，臺灣政府贖回戰士授田證及每個月榮民津貼的發放。進入二十一世紀，臺灣工廠已是大量外移，寶島出現嚴重失業問題，人民生活普遍陷入困難，貧富差距加大。臺灣社會對老榮民的態度出現兩極化，開始用放大鏡去檢視老榮民的生活方式，老榮民背負著不勞而獲的黑鍋，少數人甚至批評他們為國家的負擔。卻沒有人想到過，他們離鄉別親在臺灣服役幾十年的苦衷；沒有人發現曾一生奉獻給「國家」的這一批人都已邁入凋零

階段；沒有人發現隱藏在各個角落裡獨居、生病、撿拾破爛的老兵，且老無所終。

電視報章雜誌常有特別報導，老榮民遇金光黨詐騙，一生的積蓄，一夜成空。即使臺灣人理智接受「奉養老兵直至天年，是社會應盡的責任」這一觀點。但在近幾年世界經濟動盪，再加上媒體的失衡報導，少數老兵問題便被無限擴張、醜化成政治角力的代表，著實令人心寒。

有一次國際電話與妹妹聊天，家長裡短後妹妹話題一轉，突然冒出──

「姊，大樓管理員老顏伯伯死了。」

我大驚：「怎麼會耶？……」

「我也不曉得。員警來大樓問筆錄，才知道的。說是自殺呢……」

那幾天，我的心都涼涼的。與老顏伯伯認識也才不過兩年，回臺灣停留時間又不多，進出大樓也僅是禮貌上的寒暄問好「顏伯伯早。」「顏伯伯好。」他的事知道的也實在不多。但他的形象，卻突然歷歷在目，揮之不去。

二〇〇五年元旦與先生約好一同回臺灣過中國農曆年。他是想見識見識中國農曆年的年節氣氛、大家庭除夕、圍爐、分紅包等等新年的景象；而我確實是想回臺灣過一個中國年了。回台期間，我留意到樓下老顏伯伯雖職守大樓警衛班，警衛室卻常有一個小女子來探班，陪坐在大樓門口入口處。我開玩笑說：「伯伯，阿姨來收安家費嘍……」，顏伯伯便很尷尬，想跟我解釋解釋他眼下的情況。其實，我是不在乎伯伯是否真談戀愛或假談戀愛的，所以也不聽顏伯伯的解釋就直接進電梯上樓了。

由於新春期間大家心情好，老顏伯伯堅持要正式介紹給我他的這個小女朋友。我也只是應付應付說「伯伯好福氣」。顏伯伯趕快拍拍胸脯，馬上起舞教我防身擒拿術。伯伯身子硬朗，以前是退伍軍人轉任員警，官階警佐「一杠三個梅花」退休的。他見我不大肯接茬，便主動搭訕我：尊翁哪裡人啊？有沒有回大陸去探親呢？

　　伯伯才問我兩個小問題，我的回答倒比他問的多更多：我的老爸當然也是兩岸定期往返探親，幫忙老家的兒子修豬棚、蓋房子、買農機、討孫媳婦等等……看顏伯伯並沒有很專心聽我敘述我的大陸親友故事，乾脆直接切入重點再加一點炫耀「我家還曾安排老爸在大陸的兒子來台探親旅遊三個月呢。這夠了不起吧？……」

　　伯伯聽到這兒，眼睛瞬間就亮了，嘴巴也張得好大。他說：「您老爸才真的是好福氣耶！」

　　瞬間，我變成顏伯伯的好朋友，他把他的女朋友擱在旁邊不准插嘴，細細地詢問我申辦大陸親友來台探親、探病的竅門。看得出來，伯伯想多知道些申請大陸親友來台的撇步。當時兩岸尚未開辦小三通或直航，榮民老兵聚在一起談論的話題可不是股票、房市或環保，他們特別留意美金匯率，國際金價漲跌以及兩岸間旅行出入的注意事項，回鄉，探親，接親人來臺灣，是他們心中的頭等大事。

　　聊了半天，我也沒搞清楚顏伯伯在大陸有沒有子女，但聽說他只有七十歲，我的心頭立刻跳出一句話：「哇！伯伯您是娃娃兵呀！」

　　伯伯張大眼睛顯出驚嚇，似乎做了什麼虧心事，被我逮個正著。七十歲，在彼時的臺灣老兵中，算是年輕的呢。

　　無心插柳柳成蔭，隨便幾句玩笑話，伯伯下了班竟然來按電鈴，堅定地表示「明天沒班」，「郵局隔壁西餐廳料理」，「先生老外也沒問題」，「不可拒絕」，「一定要請客」……伯伯來邀請吃飯卻又擺出生氣、堅決、執意的姿態，這真是老軍人的架勢。

　　我喜歡這樣的態度與架勢。

　　「好，明日中午一起吃飯去」，「老外先生也會參加」。我答應了。

　　「伯伯，您女朋友也一起參加呦。」

　　伯伯的目光閃爍，值日班十二小時的疲憊瞬間消失，可他又想要解釋，吱吱嗚嗚說得沒條沒理，我又叫伯伯尷尬了。

　　「沒關係，顏伯伯，我一點也不會看不起。我們同是外省人。您老來孤獨麼，這在我們這裡見得很多耶……」

　　伯伯顯然被我這句話鼓舞了，他大聲說：「我們不偷不搶不犯法，那沒什麼的。」

　　「對對對。」我趕緊應了：「交女朋友絕對是沒有年齡限制的。伯伯放心。」

　　第二天中午吃飯氣氛愉快。伯伯與我說著，各自還要忙著翻譯，我把聊天內容翻成英文給呆坐在旁的陪客我的先生，伯伯也是要把我們的聊天話題的重點提要，再口述成東北話給他的小女朋友。她與伯伯差距應有三十歲。

　　伯伯開始吹噓他以前員警的勤務工作，我相信那些都是真實的事蹟，雖然都是一些老掉牙的故事，但我知道這是從來沒有女人和外國人（我先生）願意耐心聽伯伯說故事。在我眼前這一位陸嫂專心又沉靜的聽伯伯的員警故事，她的陪伴似乎激蕩出伯伯談戀愛的熱情。

我用英語讓先生偷偷到櫃檯付了賬，其實伯伯瞄到了這個細節，他也沒阻止。

　　帶先生出來一起吃飯，讓伯伯在女朋友面前感到十足風光。我亦裝作若無其事享受我的美食，其實我也在觀察這外表並不出色的陸嫂：穿著打扮一點也不顯眼，厚厚的嘴唇配上稀疏薄薄的頭髮，燙個米粉頭來掩飾她曾經因病掉髮又確沒再補長回來的頭髮，我有從容時間打量她的裝扮，甚至發現她穿的高跟鞋皮面褪色，絕對是大陸樣式。全程談話就伯伯一人自話自談，像機關槍沒間斷，陸嫂乖乖地聽著，不時還以微笑，不時幫伯伯擦擦嘴角或是幫他清理碗盤；油漬番茄醬滴在長褲上，她馬上用乾紙巾抿掉，看不出有不耐煩責備厭棄的神情。

　　這是我唯一一次與顏伯伯的「親密接觸」，對他和陸嫂的和諧親愛也印象深刻。但是，他卻選擇了跳河自殺，就因為臺灣人嘲笑他「老牛」吃了「嫩草」！

　　妹妹告訴我，顏伯伯的跳河自盡事件上了報，他受不了「老牛吃嫩草」的批評指責。他曾反問：「不是人人都有談戀愛的權力嗎？我們不偷不搶不犯法，那沒什麼的。」然而，人言可畏，顏伯伯沒有能力頂住這種冷嘲熱諷，扔下他的大陸娘子，一人獨行了……

　　顏伯伯這個問題擱在我心頭好一陣子。遠在丹麥，看著那些或白髮相攜、或老夫少妻的情侶們，悠閒且親切地在大街、在公園、在花下、在月夜裡漫步，享受人間真情真愛的時候，我就想起了顏伯伯和他的陸嫂。原以為遲來的愛情會帶給伯伯人生最後階段些許色彩，一些溫暖，沒想到這遲來的愛情引致的批評卻擊垮一位老軍人的自尊，而選擇「士可殺、不可辱」的方式來結束

對他的攻擊。

妹妹說，顏伯伯和他的陸嫂出出進進，共同生活，誰都不妨礙，但臺灣人背地裡指指點點、當面冷言譏語、大刊小報上嘲諷不絕於耳。歷盡七十年風雨磨練而不垮的老人，終於絕望了。

我在想：伯伯如果不是老榮民的「老牛」，他的「嫩草」妻子不是一位陸嫂，臺灣人的批評標準是否就不那麼嚴苛？不那麼殘酷？不那麼不能容忍？……

伯伯，您是太堅強或是太不夠堅強啊……而臺灣人，你們到底是怎麼啦？

四
老兵談戀愛，談的好辛苦

　　一九九〇年代有一部電影《綠卡》，是法國巨星傑哈德巴狄厄Gérard Xavier Marcel Depardieu、外號「大鼻子情聖」所主演，劇情內容大概就是男主角花錢以假結婚方式想取得美國居留權，雖然居留權沒拿到，但雙方卻以陷入真正的戀情收場。

　　看這部片子時我才三十歲，當時的心態那也只不過是一部電影。沒想到二〇〇〇年千禧年我在丹麥結婚，自己也遇到同樣的情景：要申請居留權時，我也緊張得趕快補課，去看看我家的牙刷顏色，丈夫刮鬍刀品牌，或丈夫偏好喝哪一類紅酒等等的生活習慣。深怕簽證官以為我是搞假結婚而把我驅逐出境。

　　去年回台看到一則電視新聞，真的是讓人跌破眼鏡。是老榮民娶大陸配偶中我聽過最離譜的一件離譜的「笑話」——

　　一位大約六十歲已取得臺灣居留權的中國配偶為了讓女兒來台，安排九十歲的老榮民與自己年僅三十多的女兒假結婚。他們年紀差了將近一甲子。最爆笑的是在中正機場入境廳與移民署面談官面談時，佐證在大陸的結婚資料還包含老翁與少女的裸照，證明有上床、有性關係，證明真的有結婚。此案以不合常理被移民署簽退，女子不能入境臺灣，榮民伯伯很無奈地說「我岳母要我怎麼演戲、怎麼說、怎麼做麼……」

　　當場這名「小岳母」在氣憤之下掌摑羞辱老榮民，怪他不會

演戲。

　　移民官員看了直呼荒唐，老榮民被騙假結婚還「犧牲得這麼大」，犧牲了色相，出盡了醜相，也不知道有沒有犧牲老伯伯的真鈔。這類新聞常報導，但這一則比較離譜。

　　自一九八七年開放探親後，有許多單身的老榮民回大陸結婚娶妻帶回臺灣，這些大陸配偶我們常常稱呼他們為「陸嫂」。但是臺灣社會的有些人就沒有這麼厚道了，給她們按上一個不雅的稱號「粉紅兵團」或「收屍隊」——就是專門來臺灣收拾老兵後事的。

　　結婚是每個人的私權，即使是七十歲、八十歲、九十歲的老榮民，再老也絕對有他的權利去結婚。然而在這種高齡情況下，雙方結婚的動機卻是令人省思。

　　二〇〇五年我們大樓管理員顏伯伯自殺後，他的大陸女朋友好像摸清楚我的回台模式及時間表，要不然她就是常常來大樓探探口信，看我回來了沒有。總而言之，二〇〇七年四月回台，顏伯伯的女朋友真的是來找我。我想過，雖然不是她逼死顏伯伯，雖然她對顏伯伯真的很好……她所講的一切我都願意相信，她已取得居留權，她早就有工作，她不要伯伯一毛錢，她真心做顏伯伯沒名份的伴侶。因為顏伯伯曾說過，「年輕人所說的自由戀愛，我終於體驗到了……」但顏伯伯的戀愛，確是因為對方是位陸嫂，便要偷偷摸摸一點也不自由……他的愛情不為眷村鄰居所接受，他的老少配不為社會所祝福，他自己又受不了尊嚴的污辱，最終選擇自殺。有半年的時間，顏伯伯自殺的陰影盤旋在我對他的思念裡——他為什麼這麼不堅強？也許不止那一飯之緣，如果我能陪他喝幾次酒就好了？

顏伯伯願意告訴我他的浪漫史，或許因為我是老兵子女，或許因為我嫁外國老公觀念看起來比較開放。真的。顏伯伯很願意跟我分享他人生遲來的春天、晚到的彩虹。顏伯伯的女朋友也曾經耍小脾氣，他就來找我商量，「我的小娘子心情不好，我的小娘子鬧彆扭，我的小娘子想家想得哭……」

　　「唉呦，女朋友想家就讓她多打電話回大陸不就得了。」

　　「女朋友來跟班，跟著來大樓陪你上班，就到我這兒打電話，國際網路電話不用錢的……」

　　我這麼安撫顏伯伯，也真格兒喜歡聽伯伯使用「小娘子」這種愛情的語言。

　　我真心想過，顏伯伯十五歲來台，孤家寡人一個。他們這一批少年兵外號又叫娃娃兵，在臺灣什麼親人、家眷也沒有。假如他生活在大陸，有哥哥、姐姐、弟弟、妹妹，相信他自己的親屬們，也是會幫忙安撫他現在的緊張情緒及他心愛的女朋友呢。我沒去想過喜不喜歡這一位陸嫂，但我看得出來她瞪伯伯的模樣是一種撒嬌，他們之間有一種無法言喻的真情，年齡三十歲的差距反而昇華變成伯伯是穩當的靠山，而陸嫂是小鳥依偎的情愛關係。

　　老兵們經歷想家四十年的痛苦，再長的電影都演不完老兵故事，再厲害的作家都道不盡其中的苦楚。在丹麥，我常常也思鄉，特別是想吃臭豆腐，想吃我媽炒的麻婆豆腐。但我想要的年年可有且指日可待，因此不會特別痛苦。而且，我發覺思念想家與距離無關。思念並不是一海之隔就思念得少，並不是橫跨四大洲五大洋就思念更多。思念與回家的期望值有關，唾手可得便心靈安穩，如果無望就會極端痛苦，因為那是一種遙遙無期的折磨，是一種永無夢圓的傷痛哦……多少次，親眼目睹過老兵們因

此悶著哭，醉了哭，淒慘地抱頭痛哭啊……

　　女人的思念常伴隨著個人情緒而起伏，陸嫂當然也會想家、想大陸、想那邊的親人，她跟我一樣是個女人麼。真的是瞭解伯伯的小娘子想家的鄉愁。幫顏伯伯的忙就是幫陸嫂，幫了陸嫂，顏伯伯就會好過。想通了這一點，讓她來我家打幾個電話又算什麼呢？

　　顏伯伯的女朋友是我認識的第一位陸嫂，伯伯教過她：我家門口如放滿鞋子就是人回臺灣了；如果只有兩雙鞋，就是沒人。「伯伯常常幫妳調換拖鞋位置」她說「拖鞋一調換位置，小偷就不會認出這家人沒回來。鞋子老是擺同樣位置，小偷就明白這家人不在家呢。」陸嫂這麼告訴我時，我還真驚訝顏伯伯不愧是當過員警。可一想到伯伯不在了，心中又一陣陣地心酸。

　　陸嫂帶她的姊妹淘來找我，事先也沒打聲招呼。雖然他們禮貌性的帶盒餅乾來，可越是謙虛禮貌越是讓我有防備，橫下心這次不准使用我的電話。再說，回台總是匆匆地，自家的事情多得很呢，也真的沒多餘心力多交朋友。哪有交了一個朋友又帶一個朋友來的？

　　但眼前立即浮現出伯伯溫柔的樣子，他沉默而微笑看著我，我如何能夠忘記他……下雨天搭計程車回來，他快速地撐傘接我進大樓，我忘不了他。從超市買了大包小包日用品回來，他堅持幫我提上樓，我忘不了他。他殷切盼著我的回答，幫他出主意、幫他想辦法，好讓他心中的小娘子踏實快樂地生活在臺灣，他殷盼著看我呢，我忘不了他……

　　罷了。罷了。幫陸嫂就是幫顏伯伯。都讓進來，進來家裡坐，告訴我怎麼回事。

　　陸嫂的姊妹淘，看模樣大約四十歲。她的第一個問題是問

我，我周賢君的媽媽有沒有享有榮民津貼半餉？嘿嘿。這位姊妹很爽直不拐彎抹角。我喜歡這樣的性格，明快回答：「我媽媽是臺灣人，結婚四十三年，沒有榮民月退俸津貼半餉。因為我老爸當初笨，服役二十二年領全退俸，台幣兩萬五千元，買一部中古車自求多福。老爸去世了，媽媽就靠子女養嘍。也是自求多福。」

陸嫂頓時花容失色。我知道為什麼。知道她會立即付諸行動，回家調查她家的老頭子是領月退俸，還是全退俸？要回答她這一類的問題其實是很為難的，我也怕答錯了。問題是，不僅只有陸嫂誤以為老兵去世後，榮眷會有此想法，幾乎是大部分的臺灣人都誤以為榮眷領有半餉而提出意見呢。唯有我老媽碰到此類質疑，一笑置之。她有兒女孝敬養老耶。

她的第二個問題更令我為難：老兵元配的子女對她有成見。

老兵有一子一女，好像是老兵的臺灣老婆早幾年癌症去世，老兵已陷入老邁無人照顧，兒媳婦又嫌棄老人家難侍候，外省鄉音重，聽不懂；況且臺灣的習俗，新婚家庭沒人願與公婆同住。父子倆的對策竟是「學習其他老兵那一招，到大陸去討個媳婦」回臺灣來侍候老頭子。聽過兒子幫老子討媳婦的嗎？可真就是這麼回事，這樣就可省下「菲傭」（菲律賓女傭）的看護費，這類看護費每個月起碼台幣兩萬塊。多麼精打細算的交易。陸嫂淘就是這樣來到臺灣的。

聽過她的敘述，老兵的兒子及兒媳婦都沒問題，問題出在老兵的女兒，女兒保護爸爸的意志太堅強。也或許是女兒無法接受年輕的陸嫂取代自己去世的媽媽在家中的地位，陸嫂淘與女兒的年齡差距不大也是原因之一。女兒竟然跟拍這位陸嫂的行蹤「抓奸」，威脅要把照片給老兵看，威脅要提示給移民局看。陸嫂淘

接著一句話「我老公向我保證不會離棄我。」聽這句話時我起了一身的雞皮疙瘩，大陸人不是都稱呼配偶為「愛人」或「物件」嗎？臺灣人才使用「我老公啊」？陸嫂淘的年紀與她老公差距三十多歲，怎麼聯想都無法拼湊出眼前這一位伶牙俐齒的少婦與半身不遂的老兵夫妻恩愛、鶼鰈情深的畫面。

她接著說「我老公向我保證不會離棄我。如果他撐不到四年，我沒拿到居留權，老公已經與兄弟商量好了，會有人接替的。」她的意思我懂。是如果老兵短命，有其他的老兵會來接替他做她的老公。我的思緒又脫軌想到其他的榮民社會新聞「陸嫂夜夜求歡，老兵短命」，「陸嫂從大陸買回壯陽藥，老兵怕怕」等等等等……實際上該類藥物都會影響血壓及腎功能，而老兵多已高齡、多半心臟不堪負荷。我常想軍人的兄弟情誼超乎道德倫理，今日世人看到的老夫少妻，我們一句「老不修」，彷彿就把他們置於我們道德的絞架之上了。可是，誰願意照顧這位「老不修」？兒子願意嗎？媳婦願意嗎？女兒願意嗎？更遑論女婿了。

老兵們給了自己親人承諾，甚至也想好了對策。老兵需要妥善處理他的年輕老婆居留問題，老兵的兄弟等著接收他的親情與愛情……是的，臺灣出現粉紅兵團專嫁有錢老兵，最離譜的是嫁了五次，破了全台紀錄。至於其嫁兩、三次的層出不窮、多不勝數。是的，這群臺灣單身老榮民，七十歲，八十歲，九十歲了還娶親。衍生問題很多、很複雜。他們心智功能漸退化甚至失智，結婚決定的合法性？遺囑的合法性？婚姻期間財務糾紛或離婚贍養費問題？陸嫂在台適應問題？就業問題？陸嫂在大陸所生未成年子女來台問題？陸配與老兵子女不和及爭家產問題？是的，相信還有我未及舉例各種千奇百怪的問題？……這些千奇百怪又光怪陸離的結婚花招隨著電視新聞的特別報導而無限娛樂與妖魔化

……

這種怪現象也就是這幾年才發生。可我的老兵伯伯們，他們本人是多麼無奈啊！……看慣了生死離別，也習慣了沉默不語，他們用逆來順受實現著自身「廢物利用般」的殘餘價值，滿足了臺灣年輕人們的娛樂需求。

想了又想：要包容。唯有包容。

回歸到歷史，就看我們如何去定義六十萬老兵在海峽兩岸的歷史定位了。將來有一天不會再有人檢討老兵的花邊新聞，這類新聞取走我顏伯伯的一條命，取走了也許我不知道的許多許多臺灣老兵的命，取走了他們九死一生飽經磨難堅貞頑強看盡滄桑的命。

還原臺灣老兵走過一九四九年歷史的大輪：四十年想家的痛苦，六十年生存奮鬥的血淚。有誰知道，這些老兵與陸嫂相處若干年，是有了真愛情，還是只有假愛情？莫非也像《綠卡》中的大鼻子情聖、法國巨星傑哈德巴狄厄Gérard Xavier Marcel Depardieu、所扮演的角色一樣，終於陷入真正的愛情？

但無論如何，我還是願意幫助陸嫂，因為幫助陸嫂，也就是幫助老兵伯伯。

五
老兵無奈的齊人之福

　　不到十歲的年紀，學到最難懂的成語可能是「享齊人之福」。

　　這句話常出現在我老爸與其他軍營老兵的開玩笑話中。

　　看過鳳凰衛視報導有關臺灣名作家蔡怡女士代替父親尋找老家的故事，她原以為自己的母親——臺灣的母親——是元配，找到父親的老家後竟然發現一個天大祕密，他的父親去臺灣之前，在大陸已有婚配，而且父親的髮妻仍守在老家，等候了一輩子，等候了五十年，最後終與臺灣的元配夫婿見面一小時的故事。

　　這個故事，作家蔡怡女士的大娘年紀當時約八十歲，名字劉金娥。電視片中劉金娥女士的長相，黑黑、小小、乾乾、扁扁，頭髮稀疏，身著白色棉衣，一臉無奈又似悲歡無常。她的眼神無法直視我們，也令我們無法直視——但是我們可以輕易地從那偶然的一瞥一窺中，讀出她的往事——醞含了多少的不堪回首？凝結了多少的苦難淒婉啊？探親兩、三年後，守了一輩子活寡的劉金娥女士，化成一個小土塚繼續守在她的公婆墳墓旁，恪盡當一名蔡家媳婦的苦命本分。

　　一九八九年九月父親返鄉探親，回到了老家。父親自己觀察，他的元配、我的大娘一直沒出現。父親就知道這人恐是沒

了，但他一直規避不談，直到第二個晚上，他才問了他的長子周夢月：你媽媽在什麼情況下沒了？

自一九八〇年開始，父親、姨丈、伯伯及其他老兵都陸續有人以祕密的方式與大陸通信，最常聽到的方式就是付費讓人從香港帶信轉信。但是從香港轉信要有門道，否則被舉報就得受警備總部調查而有牢獄之災。另一種方式就是請海外親友轉信，我家眾親友中沒人有海外親戚，無法透過這個方式來與大陸聯絡。最笨的方法就是逮到機會就發信，就大量地發，那也算是在茫然地近乎絕望之境下的唯一希望吧，而我與我父親竟然就是用這種方式取得與大陸老家的聯絡的！

一九八一至一九八四年間，我服務於潭子加工出口區郵局，那是一個保稅、免稅區域，有上百家國際廠商設廠在園區。我的英文口語能力在那四年進步神速，後來直接能夠在國際貿易工作中與西方人交談開口，通達流暢。在郵局的工作，讓我天天有機會與前來郵局寄信或做金融交易的外國人閒聊兩句。從一九八三年開始，每當聽到外國朋友將回自己的國家，我就拜託對方把父親寫好樣版的書信帶回去，貼上他們當地郵票寄去大陸。那時寫的收信地址是淪陷前的舊地址，我們也笨笨的根本不知道大陸省縣區域劃分重新改制，地址變很多。但也幸好是不知道，就抱有希望一直寄。如果知道老家地址變了，就不知道該如何走下一步而停滯不前了呢⋯⋯我們曾通過美國兩三位商人，通過香港商人，通過日本商人及一九八四到一九八五年我在西餐廳打工，所遇見的西方旅客幫忙寄信。當然父親他自己也是多方努力，最終在一九八五年年底，從美國洛杉磯發出的一封信件抵達江蘇徐州老家。⋯⋯我們不知道幫我們從洛杉磯投信的人是哪一位美國人，都沒有機會向那位美國人說一句「THANK YOU VERY

MUCH！」來表達我們的驚喜及感恩。

　　家鄉夢月大哥收信時將近四十歲。以大放鞭炮及在村子內播放電影祝賀「他的父親還活著。」放那場電影花掉了他在人民公社兩年的勞動與積蓄！

　　大陸親友有了我們在台地址後，我們也開始陸續收到臺灣警備總部寄給我們的信件。大信封袋內放著大陸寄來的信件，都已被拆閱檢查，甚至是連大陸郵票也都被剪走。那時還擔心警備總部叫我去盤問，不過我早已經跟父親套好話，要被問起就說一切不知，我家是糊裡糊塗的，大陸親友不知道從哪裡得到地址就寄信來的。……今日想來，我這類騙三歲小孩的話，誰都不會信，但是當時大家都是這麼說，我們心安理得，警總也從沒有傳訊過我們。其實，大家都是心知肚明，一起裝糊塗罷了。血濃於水，何況是四十年後找到了彼此的親人。人同此心，心同此理。

　　從寄來的信件，我們終於得到老家變更後的新地址。但是一九八五年之後的一兩年只能大陸向臺灣單向通郵，臺灣人民卻無法寄信去大陸，所有寄往大陸的信都被臺灣當局退回原址。如沒寫上寄信地址，信件在郵局作業系統處理中也是當作無法寄遞的郵件，統一收集再銷毀，況且法令上也沒公告寄往大陸的信件要貼上多少郵票。我在郵局工作，那幾年來詢問如何寄信、寄包裹去大陸的民眾真的是很多。忍耐、忍耐、又忍耐。直到一九八八年兩岸郵政才更進一步退讓，變成雙向通郵，臺灣這邊才允許人民寄信件去大陸。

　　我記得一九八八年的第一封信，內容寫得很簡單，報告家庭成員、姓名及學歷等，及一張全家合照，為了避免大陸親友對我們有無限的想像，家庭成員都是站在一大片白色牆壁前拍照；且父親也要求我們穿些素色衣服，不要花枝招展。……我們害怕大

陸的大娘看到臺灣生活富裕情況而心裡難受。我們也害怕讓父親在大陸唯一的兒子在看過照片後心生不平。其實我們那時候對父親生命中的另一半也有無限的想像及悲憫。不僅父親，就連母親及四個兒女，我們全家都支持父親與老家親人取得聯繫且共同分享未來將要團圓的喜悅。……可是，這種害怕與擔心在命運的判筆下，是多麼地羸弱與無力。

真正回到徐州的探親是一九八九年九月，期間雙方信件還是不多，雙方都膽小，顧忌真的是很多。信件內容大同小異都是寫些「生活得很好，不要擔心。」之類的話。父親關心的人一直沒出現，也隻字未提。那就是父親的元配，長父親兩歲的髮妻「周孟氏」。兩年通信都沒看到我大娘的字眼，父親心裡可能也有數「人，怕是沒了。」雖然心裡有數，但從未想過大娘是以自殺方式結束她自己的生命──孤家寡母帶一個稚子，沒丈夫的依靠又正逢大陸三年飢荒，天災人禍下思盼久積，大娘便生生地掙脫命運的羈鎖，了卻她短暫的一生，去夢裡找尋她的丈夫去了。──夢月哥是由爺爺、奶奶帶大，吃苦更是無盡啊……

而上述如劉金娥女士，相守一輩子，見面一小時。也就是因為臺灣老兵海峽兩岸的老婆都存在，陷入三角婚姻難解的結。撇開法律的層面，臺灣在早年就以修法的方式宣告在大陸的婚姻視同無效，允許老兵結婚才不會侵犯重婚罪。然而實際上，大陸的元配又做錯什麼了？她們多半是這場兩岸探親喜事中的受害者！探親雖見面，卻又再度進入另一階段更難以形容的折磨……那是一堵無法破解的哀傷，夾雜著血淚坎坷的過往，把她們拋棄在生命乾涸的河床上……雖也有少數大陸髮妻得到圓滿的結局，每當看到這類好結局新聞時，我就一陣鼻酸；每當看到如劉金娥女士

之類的新聞，我卻是陣陣心痛與憂傷……

曾與父親平心靜氣閒聊，他說：「你大娘活在錯亂的時代，活得越久受的苦就越多。」

雖然我自己的母親在他們結婚後，常念念有詞說，如兩岸相通，她願意把大娘接來同住，幫忙料理家務，好讓母親自個兒專心在外做工賺錢。若真是那樣，那我父親就真的名副其實地「享齊人之福」了。

但這只是理論上的說辭，當真如果大娘在世，誰敢保證我媽媽是否還心口如一？

我們家因為大媽的「犧牲」，而讓我們的探親團圓走得更順利。探親後我們盡力補償我夢月哥這四十年缺少的父愛、母愛、兄妹親情的遺憾。不管是安排夢月大哥到臺灣來省親，或是我們這邊繼續回大陸老家，母親與我們兄弟姊妹幾人到現在都持續在做。因為我們早已認定這個哥哥是我們的親人，是我的親大哥。

二〇〇六年父親去世後至今又八個年頭過去，我帶著我的外籍夫婿回徐州三次，我的兩個弟弟四次，我的媽媽妹妹三次，幾乎是年年有人回徐州探望夢月哥及大嫂。現在村子裡不會再有人嘲笑哥哥是「父親走了，臺灣親戚就斷了」的話了。

我們原不是為了這句話而拚命回鄉，而是夢月哥的名字從小就伴隨我們長大，我幾次對他開玩笑：「你比較倒楣耶，投胎太早了。」夢月哥聽了，先是一絲絲苦笑、而後便是哈哈大笑，他為我的這句中國式幽默而釋然，為我們一直往來的親情而欣然呢。但是當夢月哥遞給我燙手的饅頭時，我馬上就想到回頭看看掛在夢月哥客廳牆上的遺照，該給已去世的父親先嚐一口饅頭罷

……夢月哥與我又雙雙抱頭痛哭！……

一九八九年探親前，父親交代：家鄉貧窮，一切生活起居不便，不可要求吃香喝辣。就當是一次減肥之旅。如要真肚子餓得狠，只准向嫂子要饅頭吃。我父親向嫂子要饅頭吃，我母親也是向嫂子要饅頭吃，我們四兄弟姊妹也都是。今日，如有臺灣家人返鄉探親，夢月哥一定準備饅頭讓我們帶回臺灣，讓我們帶饅頭去祭拜父親。

雖然返鄉探親中，黃金美鈔有其必要性，但是我家卻是透過共啃饅頭來品味同父異母的手足之情。當然了，當下平時，我們的聯絡電話也很多了。今日回想，家人與父親共同經歷思念大陸老家的歲月，共同努力與大陸信件的聯絡，共同參與第一次、以及後來很多次返鄉探親的旅程，我目睹夢月哥與父親相認叫出的第一句話：「大大」，父親瞬間傻眼，陷入迷惘……那是嬰兒用語，家鄉方言，隔了四十年才又聽到。而臺灣來的妹妹弟弟，根本聽不懂夢月哥的語言。夢月哥的徐州方言「大大」是何意思呀？……

第一次我回到賀樓老家，走進夢月哥的院子，聽父親一說，才知道這院子正是父親出生的院子。父親還沒靠近老井，差一點腿軟、立即老淚縱橫……父親那一句「渴了四十年我想喝的井水啦！……」

我深刻記住，一口又一口的井水，父親一直喝，一直喝。一桶又一桶的井水，父親往臉上澆淋，來掩飾「軍人無淚」、卻又是控制不住的哭泣。

本以為會目睹父親的元配，我的大娘與父親重逢的鏡頭——我無法想像那會是怎樣的情況、怎樣的悲涼、喜悅、或是欣慰——可是，沒有。所有的人都清楚，大娘在期盼無望中早已「犧

牲」了……父親的心中,也一定很清楚的。……是的,他清楚哦!這裡的一草一木,一沙一石,有他曾經的歲月,他曾經的歡笑,他曾經的溫暖與曾經的愛戀……那麼,這裡又怎麼會沒有她的音容笑貌,沒有她的一笑一顰,沒有她與他的細語輕喃呢?……我曾抱著這份疑惑,無數次地偷窺父親的目光,希望他會不經意間定格在某個地方,好讓我捕捉到大娘曾經的蛛絲馬跡──可是,始終沒有,父親紅紅的眼中透著久雨初晴般的清澈與安詳……

　　四十年了。我,我媽媽,我的弟弟妹妹,甚至夢月大哥,都無法、也不可能理解父親的那一份思鄉之情,那一個臺灣老兵對大陸老家的刻骨深情。

六
探哥「首部曲」

　　與父親的老家親人聯繫上了，父親就有些焦急地準備回鄉探親。

　　我們臺灣的一家人也興奮異常。因為早就從父親的口中得知老家賀樓村還有我的大娘和一個哥哥。那都是父親和我的媽媽還沒結婚以前很早的事了。

　　四十年隔離，父親念念不忘。書信聯繫上之後，父親的身體、氣色、情緒都有了很大的改觀，單從這一點上看，我們回老家，就是一件非常令人興奮、一定快樂的事情了。

　　不知道為什麼，我們一家人，包括我的媽媽，都對於大陸上徐州市銅山縣張集鄉賀樓村有著一份別樣的親情與掛念。畢竟，那是父親的根，當然，也就是我們的根。

　　於是，準備回老家的緊張忙碌開始了……

探親前備禮

　　一九八七年大陸開放探親，思鄉心切的父親竟不是第一批省親的老兵？

　　他老人家是一番什麼考慮不得而知。可能是還在存錢。可能怕搞不定在香港的轉機。或者不敢自己搭飛機之類。總之，思鄉

心切的父親，不是第一批就返鄉省親的人。

我們約定：一九八九年我大學畢業後的初秋，風雨無阻，共同成行。

那一年雖然沒有天然災害，但是卻碰上歷史上赫赫有名的「六四天安門事件」。我們又觀望了兩個月，才決定訂機票，返鄉探親去。

對岸大陸當局為表示友好誠意，「優惠」每人可帶三大件、五小件物品免稅通關。冰箱、電視機、洗衣機為大件；相機、收錄音機、電鍋等為小件。

香港旅遊業著實厲害，返鄉探親套票，除了「台——港——南京」來回機票和住宿，還有三天兩夜的地陪，帶我們到指定的電器行買韓國金星牌彩色電視，又到指定免稅店買虎皮膏藥、萬金油及珍珠粉，也帶我們去虎標萬金油公司在香港建的虎標遊樂園兜一兜。看到裡面的萬金油比免稅店更貴，讓父親對香港地陪頓時卸載心防，隔天再去買了兩部金星牌彩色電視。

但第三天要登機時，航空公司就是不讓我們掛上三大件行李，幾經要求，只讓我們掛上兩部電視。地陪梁小姐說，隔天下一班飛機，一定把落單的那一台電視機給送到，爸爸只能信任的塞給她五十美金的小費。在八〇年代這真是一筆不小的小費呢。想不到，在飛機上用完餐，還沒喝完咖啡，空服員根據座位號碼和姓名，拿來我們第三部電視的行李貼條。第三部電視機竟然也上機了？五十元美金真是花得值得！

飛機上的咖啡很難喝。白色顆粒看起來可能是砂糖的配料，加進去卻一點也不甜，看來像可可的粉末也喝不出可可味。

空服員特地再為爸爸調一杯三合一好喝的即溶咖啡，還一派輕鬆地說道：「常碰到前衛的老台，不懂裝懂，把鹽和胡椒加進

咖啡，也是喝得津津有味。」

空姐還調侃，叫我們下次也試試看。

她真以為我們這些四十年後要回大陸省親的「老台」是白癡耶！……

後來才知道，「空姐」在大陸，算是一個高等職業，看似為他人服務，但她們心裡，很有些自豪與傲嬌呢。但無論如何，這樣接待自己的同胞都是不對的。

其實不過是因為飛大陸的班機餐點、包括佐料，都用英文包裝，空姐會這麼說，擺明是欺侮那些看不懂英文，不知道哪包是胡椒、哪包是鹽的「老人家」。空姐的這作為給我留下了極差的印象。

好長的歸途

二十年前的南京機場很老舊，沒有行李輸送帶，沒有行李推車，更沒有親友會客廳。

幾百件的行李得自己去翻找，我們挖了半天，就是看不到三部彩色電視，全班機所有旅客購置的免稅商品也沒出現在行李山裡。我這輩子第一次仔細解讀所填的通關申報書、行李申報書，猜測電視大概是被拉到海關倉儲中心的免稅倉庫，需要我們另外擇期去取那三大件「寶貝」。

既然都已經上梁山了，那就看著辦吧。

我從來沒看過哪一個機場有那麼多的員警，四處都有公安巡哨。

在自由領域的飛機上老媽不上廁所，才一抵達大陸，就要

急找廁所。當時南京機場不使用男士、淑女標誌，廁所前也沒看到煙斗和高跟鞋的圖案。只有一個羅馬拼音的牌子指示「Ce Suo」。那是我在大陸第一次學到的簡體字羅馬拼音，心想原來大陸人英文普及程度比臺灣人更徹底，人人都會使用ABC。

　　找到了廁所，便急急地催老媽抓緊時間，很快要出關呢。

　　這一路不太順利，老爸的眉頭一直緊蹙著。受老爸影響，我的心也開始糾結。

　　想不到檢查行李的隊伍排得很長，秩序很亂。排「普通通關」的老外及老內鬆鬆散散，走得很快、很悠閒；排「特別加速通關」的老台，蜷曲的隊伍有二、三十公尺長，卻大行李、小行李、公事包、小皮包，全部開箱檢查，人人也要脫帽、脫夾克讓公安搜身，為公共安全做了百分之百的防護。

　　花了整整三個小時，我們才通完關、檢查完行李，得以放行。很後悔剛才催媽媽催得太急了，其實有那三小時，她愛怎麼上廁所都可以，時間是很充足的。

相認

　　我們找不到行李推車，很辛苦地扛著大行李慢慢步出機場。還沒費心去認人，就有十幾、二十人來認我們，把我嚇了一跳！……兩岸分隔已四十年，處處充滿著和父親、和夢月哥一樣失散多年的親人。通關廳窗外擠滿接機者，人人都顯露出饑渴要相認親人的眼神，可是，我們還真的不知道要認誰。……但只有真正的親人，磁場才會互相吸引對上。

　　與熙熙攘攘的接機人群還相隔好遠，突然一個聲音洪亮的老粗嗓門朝我們喊：「五叔！」

緊接著一位俊挺魁梧的帥哥也朝我們激動萬分地擺手大叫：「五舅！」

　　這時我們才發現通關廳窗外有人拿著一大張海報，上面用簡體字寫著我們三口的名字，大動作地揮舞招手。剛與兩人照上面，一位站在後頭看不清楚的老伯伯朝我們悶了一聲：「大大！」一聲「大大」，低沉而羞怯，老爸卻當場一愣——那老兄是大老粗一個，方正的下巴，勉強微笑的嘴角有嚴重的發炎，眼淚盈眶不敢直視我們，額頭上的皺紋比爸媽加起來還多，外表看起來比爸爸老上二十歲——原來這位就是老爸的頭生子夢月大哥?!

　　本以為父子相認會有轟轟烈烈的擁抱場面，或是喜極而泣等無法形容的感動畫面，結果什麼都沒有。夢月哥沉默著緊緊跟在我們後面，我們走到哪，他就跟到哪，一聲也不吭，看起來像是個跟班的小老頭，又像是我們拿了他玩具的老小孩。

　　邊走我邊問我老爸：「『大大』是什麼意思？」

　　老爸有些惱怒地對我說：「這就是老家的話。『大大』就是爸爸。」

　　機場外很亂，行李推進推出。沒有任何人考慮到老爸和這頭生子的感受。也不知道大家都在急什麼，趕忙叫來一台小貨車，把三、四大件的行李全部推進車，六個人也全擠了上去，匆匆往老家裡趕……老爸和他的長子還沒正式相認呢！

　　父親離別神州四十載，被臺灣海峽苦苦相隔了四十年，千思萬想盼得到探親團圓，飛抵南京見到家鄉親人的時刻，現在只有一尺的距離，父親還是沒認那頭生的兒子?!

　　也是的，父親離家時，兒子才三歲，根本不知夢月哥成人後長成什麼模樣呢，現在一個老兒子硬生生撞進他的生活裡，恍若

隔世哦！……我感覺不是父親不在乎，而是不急著進行制式化的歸祖認親。現在想來，父親當時的感覺、感慨，只有他老人家自己知道吧。

父親與他的頭生子夢月哥，左邊是我的夢月嫂

車在路上顛簸，也如我們忐忑不安的心。

父親的手指比一比，頭生子就急忙去呵護行李，好像有很多說不出的話懸在唇齒間。

父親拍拍他的肩膀，表示都已經瞭解了。已經認他了。就是那麼一剎那，在擁擠震動的小貨車上，我第一次叫了我同父異母的大哥：「夢月哥。」

夢月哥卻沒有回叫我「妹妹」。

他只是純樸地、羞澀地咧了咧嘴，像是笑了……

大陸人有的就是時間

隔天一大早，我們又回到機場的免稅倉庫，領取那三件免稅

進口彩電。

當時我的感覺像是回到電影《四行倉庫》的拍攝現場，一棟棟建築像是軍營和牢房。偌大的千坪倉庫，沒有繁忙的貨物進出，只有三兩工作人員懶散冰冷地應付我們，大概是嫉妒和不屑我們有免稅彩電可領吧。

簽了三聯繳費單後，竟然還要我們到銀行繳手續費和倉儲費，因為我們帶了三台電視，每種費用還得乘以三。我以前曾在台中加工出口區工作四年，對於免稅、課稅的計費概念還有，只是沒想到在免稅的前提下居然還要繳額外的通關費用，由於沒有準備，只好向表哥、堂哥借人民幣繳費領貨。

雖然還沒有跟堂哥他們混得很熟，他們早已再三告誡我不可以用「共匪」兩字。

就為了取這三部電視，我們先到辦公室取單，到銀行繳費，再回到辦公室請人核章放行。

持核准證明抵達倉庫，正好是午休時間，倉庫人員不是在吃午飯就是正睡午覺，好不容易等到午休時間結束，我們還得謙卑地說抱歉，打斷他們的午後讀報時光。然後三個人像小太監般跟在倉儲老大後頭領貨。

沒有內線電話聯絡，只能自己跑單；沒有輸送機載貨，只好自己扛。兩個大男人扛三部二十吋電視，不指望我能幫什麼忙。只要我少說兩句、少惹麻煩就不錯了。

在我認定的「《四行倉庫》拍攝現場」和機場間來回走了約十趟，用了一整天時間，才提到貨。反正這是在大陸，大家有的是時間。既然到了這兒，你必須學著習慣才好。

第二天搭火車回徐州，還得面臨不一樣的挑戰。

徐州自古就是兵家攻防要地，是國共徐蚌會戰的發生地，

也是有名的人口交易集散中心。有上通北京、下抵廣州的京廣線鐵路穿過，東往連雲港、西往蘭州的隴海線也通過此處。流動人口巨大。當我們一行手提背扛六、七件行李，慢慢步出徐州火車站，發現站前廣場幾百平方米有上千個乞丐如盤蛇般蠕動，或坐或站，或臥或躺。這陣勢，我打小也沒見過耶。便恐懼謹慎地閉上嘴，起勁地幫忙搬起行李，不知不覺間，便發現三部電視上不只有六隻手……起碼還有二、三十個人圍繞我們，手也放在我們的行李上。這二三十個人的小圈，週邊有個更大的上百人圈圈，正緩緩地逼近我們。那股力量好像人在玩碟仙一樣，三部電視就是碟子，我們若放手碟子就自己往另一方向跑了。

公安根本懶得淌這灘渾水，自己喝涼水去了。我們大聲嚇阻，拳打臂甩腳踢擠過那千人丐幫圈，惶惶而逃。不過，我不覺得尷尬，倒覺得很新鮮。

血濃於水的親情

回到賀樓老家約略下午三時，驕陽亦盛，發現村莊口已經候著很多人。當時並沒有電話可事先通知，全村的親友也不知道在村口等了多久。

甫一下車，不用互相介紹，父親顫抖的雙手本能地就抓索住幾個人——三伯父、二伯父及二姑姑，久久不能說話——這幾位是同一個娘生的兄弟姊妹。

大家都哭成一團，反過來父親還安慰他們：「不要哭。我回來了。不要哭。我回來了。」

接著父親也認出大姑姑及四伯母，不知道為什麼，她倆同時跪下，趴在父親膝下，哭聲淒慘。父親用盡全力攙扶起兩位用棉

布巾包著蒼蒼白髮的老人。

　　許多親友都是哭著、相互扶持著、走進村去……

　　短短兩三百步，走了將近一個小時。

　　大家不約而同走進三伯父的院子，那兒還有更多更多的親友：

　　走不動的耆老、湊熱鬧的姑婆、到處跑的小孩，分不出哪些是近親，哪些是遠房。大家都擠在小院子裡，想一睹我父親「五哥」的長相及光彩，氣氛從哭哭勸勸慢慢變成問問答答、嘻嘻鬧鬧，嘩嘩笑笑，這親人潮久久不願散去……

🎬 「硬是喝那渴了四十年等待的井水！」

　　從三伯父院子出來後，就直接去夢月哥家。

　　從進村口到夢月家門口，我們耽擱了太久，自是又累又渴。

　　一進門父親就逕自走到井旁，夢月哥馬上打了一桶水，父親馬上喝了一大口，自言自語：「好渴啊，等了四十年的井水！……」父親就這樣一直喝，一直喝，喝得大家都目瞪口呆，且用此水洗去多日累積的疲憊及困乏，潑淋的井水混雜控制不住的眼淚，掩飾父親又一次哭紅的雙眼。

　　媽媽悶不做聲，把爸爸扶到屋裡去睡覺。

　　院子裡一片寂靜，夢月哥趕緊把大門關上，暫時不接訪客，好讓他的老爸爸能趕緊睡幾個小時。

　　父親呼嚕聲響很大，夢月哥一直待在院子裡摸東摸西，其實那些事都不打緊，他在聆聽「大大」的呼嚕聲。這是讓他企盼了無數個日日夜夜夢牽魂繞又備受煎熬的聲音哦……他要把這陌生的聲音深深地烙在腦海裡！

　　「大大」就睡在他屋裡。這是他人生第一次聽到「大大」的呼嚕聲。都不要吵啊……

　　當時我沒搞清楚到達賀樓村第一天待的院子究竟是不是夢月哥家？現今我也完全忘了那天有沒有吃晚餐？若吃了又是在誰家吃的晚餐？眾多親友圍在父親身旁，他們有說不完的話，問不完的問題。由於聽不懂徐州地方話，我和媽媽熬到半夜一點，向已認得的夢月哥說我們已極度困乏，讓他帶我們找個地方躺下來休息……

　　第二天早晨，我在清澈又低抑的嬉笑中慢慢醒來。身旁的媽媽早已不見，準備起身去找老爸。這時，有三個約莫十四、五歲的女孩兒躡手躡腳地進了房內，輕輕撥開粉紅色的蚊帳來偷窺。

　　我馬上閉上眼睛裝睡。

　　我當然知道此舉對我很不禮貌，但是她們輕柔地摸著我的捲髮，似乎把我當睡夢中的公主，我怎能亂耍小姐脾氣來嚇她們呢？……臺灣女孩竟不是傳言中有著紅色頭髮及藍色眼珠？臺灣不是被荷蘭統治好幾百年嗎？臺灣不是……女孩們等到我「醒」後，就馬上問了這些問題，她們很認真地研究我的長相及好奇地看我堆在床邊的行李。

　　父親在三伯父家胡亂睡了一下，當媽媽把他接回夢月哥家的院子後，我已坐在院子裡發呆。父親告訴我：這就是奶奶的院子，也就是爸爸出生長大的院子。

　　為了還給夢月哥與老爸獨處的機會，也讓老爸好好的睡一會兒。我把訪客都引到侄子的院子去，也就在後頭兩步遠。奇怪我講的話他們都聽得懂，他們講的話我卻「莫宰羊」（台語，聽不懂之意）──雞同鴨講。大家還笑成一團。

　　很快，我就認識了大侄子、二侄子、侄媳婦、侄女，還有為

慶祝老爸從美國洛杉磯轉來的信——一個取名「小盼盼」的小傢伙的問候——爸爸成了姥爺了！其餘說不上來的親友還有很多，我一時認得，也認得；認不得的，也認得。這是爸爸的老家。當然，也就是我的老家呀。

🎞 水土不服還是衛生欠佳？

回到老家，爸媽成了老佛爺，我則成了格格，吃飯喝湯如廁都有專人打理。

鄉下沒有現代化廁所或坐式馬桶，「方便」要到屋外的茅坑。我夢月哥便釘了兩張木板凳，讓他老爸爸好坐在上面如廁。媽媽如果要換衣服，大嫂就用外套去遮著玻璃窗。我若口渴，侄女就會用小刀削水梨給我吃。但看到她要洗小刀時，不得不請求她用燒過的開水洗，因為水井就在豬舍旁，井水的顏色和味道我實在不敢恭維。

可以說我比較嬌縱，但你若看到混濁的井水，相信會跟我一樣拒絕喝水，只吃水果解渴。老爸卻不聽話，硬是要喝那渴了四十年等待的井水，結果到第三天就常去坐「木板凳」。老媽的「共濟丸」及「暮帝納斯Boterasu」也救不了他！老爸屙得可嚴重！

老爸在茅坑內拉肚子時，夢月哥聽說父親吃了什麼「暮帝納斯」，在茅坑外捧著肚子大笑：「墓地拉屎？這藥名取得太滑稽了吧？

外省人常說「穿同條開襠褲的哥兒們」，也就是當年一同長大，一同玩耍的親友們。老爸回到老家，天天都會有大爺來聊天，敘說關於童年的記憶與趣事。他們大多是老爸小時候的朋

夢月哥在賀樓村特地為父親釘制的
茅廁座椅

友。這時候，大嫂會準備熱水和毛巾讓大家洗手洗臉。一條毛巾、一盆熱水，七、八個大爺共用。板凳上四個玻璃罐，泡著苦澀難以入口的烏龍茶，東西南北四方的親朋好友，不分長幼老弱，你我他她，渴了就自己舉杯來喝。大嫂隨時會添熱水，玻璃罐黃澄澄的，長輩的牙也是黃澄澄的。

　　侄女細心，另外幫我泡了一杯茶。或許以為我這杯子裡是臺灣烏龍茶，村中其他嫂子們、姨子們不請自來地品嚐。於是，我還是……只吃水梨吧。

　　「回老家」期間，每天都有很多不同的親戚、不同面孔包圍我們，每天都去不同的院子裡坐一坐，看一看。也不知道哪位「經紀人」會幫我們安排下一家午餐、晚餐。總之，在滿滿的排班表下，全村吃透，卻沒排上在夢月哥家吃一餐飯。沒辦法，親戚太多了，老家的鄉情如此。但夢月哥也樂得跟著我們四處打牙祭，那是他這輩子第一次這麼風光，第一次村中親友都要客客氣氣來問夢月哥「行程表」。

　　三個「老台」每天早上要吃掉四、五個雞蛋，後來才知道夢月哥想辦法高價買來全村的雞蛋，帶到各家廚房烹煮，更是從年初就特地留下小麥白麵粉，做成白饅頭給我們吃。幾天後，我和

夢月嫂混熟了，膽敢好奇地亂翻廚櫃內的食物，才發現他們把新鮮的小麥白饅頭留給我們，自己人卻吃很久前剩下的、削掉發黴部位的黃饅頭，這讓我心中非常慟然，心裡久久無法卻懷——如今每每回味，我依然能清晰地記得那種堅硬的、粗糙的、酸餿的、不就著白水根本無法下嚥的用玉米粗面蒸制的「黃饅頭」。

第一次返鄉，受到眾親戚，包括「小小親戚」們的熱烈歡迎

鄉下僅有茅坑，更甭提洗澡間。上一次洗頭是在香港的飯店，忍了一星期，指甲也積了一層泥，都是晚上睡覺抓癢抓來的。還是侄女心細，催她媽媽、我的大嫂燒了一鍋水給我洗頭，既然已經麻煩人家燒水，就順便也請她多燒一點水，讓我洗澡。

想洗衣、洗頭、洗身體，只能用那一塊洗不出泡泡的咖啡色肥皂。現在回想起來那個沐洗過程，很像古時候待嫁的姑娘。大嫂將一盆熱水端進房裡，媽媽撕一塊布遮著窗戶。因為沒有房門，所以讓侄女在房門口把關。房間地板是泥土地，我得小心

翼翼不把水潑到臉盆外，以免腳下泥濘，好不容易洗乾淨卻又踏髒了。

　　終於由上到下、由裡到外擦得乾乾淨淨，剩下的灰泥水侄女表示想拿去用，但我堅持自己端出去倒掉，免得有人用我用過的臭水再去洗手洗臉。

　　隔天大嫂繼續燒水，換媽媽和老爸洗。洗臉淨身都那麼辛苦，就更別談洗衣了。

花枝招展

　　侄女帶我去逛張集鄉的市集。

　　在出發前，侄女要求跟我對換衣服。她是怕我顧忌鄉村的環境，放不開身心去玩樂，真個的小機靈鬼呢，老家的鄉下不管是牆角、椅凳、腳踏車，處處都鋪著一層泥灰，隨便抓一把，都有澀澀的感覺。我穿上她有著泥土和機油斑點的泛黃白襯衫，再套上她的黑色長褲，就不怕黑油黑炭了。反正我一身已經是灰灰黑黑的，乾脆脫下涼鞋，套上她的塑膠拖鞋，再把我的長髮綁上兩條髮辮，變成一個鄉姑、阿土姐。

　　雖然我答應閉嘴，但是市集上人人都注意到我，問我從哪裡來的，和我打招呼、要做我的生意。我那十八歲大、和我同行的侄女氣呼呼地說，這輩子就那天穿得最漂亮，竟然沒人搭理她。我想，我們真正的差別，就在我帶了一副無法拔掉的眼鏡，指甲是乾淨整齊的，腳跟細皮嫩肉，臉上隨時帶著微笑，張大眼睛好奇的看著四周。侄女說了一句我一輩子永遠忘不了的讚美。她說：「姑姑啊！你雖然沒灑香水，但是你身上就是散發出書香味。」我那讀書沒我多的侄女，說話裡透露出的真誠與可愛不是

我學得來的。

八〇年代的大陸市集，是一道獨特的風景線，是自然村落自發組織的原生態商業形式。每每趕集日，小商販們便會早早地聚集到約定地點，在露天地裡有序地架起各自的攤位。那一排排參差不齊又稀奇古怪的小地攤兒，便在明豔豔的朝陽裡熱鬧出各自的斑斕來……吹糖葫蘆的，賣玻璃球的，售木箆子的，推銷陶瓷杯與港臺歌星歌唱帶的，那可是三教九流，五花八門；手搖火燒機器爆米花的，甩撥浪鼓賣塔糖的，敲鑼鍋鍋碗碗的，唱曲磨剪子餞菜刀的，那真是吆吆喝喝，好不盎然；還有翻跟頭敲鼓耍猴藝的，疊黃油紙包裝桃酥糕的，光膀子編藤條筐的，扒嘴辨牙口賣牲口的，那更是各顯神通，熱鬧非凡……方圓幾十里村落的村民也會約定成俗趕來選購日用所需。熙熙攘攘的市集上，人嚷馬喧，人們臉上洋溢著淳樸又朝氣蓬勃的笑容，圍在中意的攤位前討價還價。

市集上沒水、沒電、沒冰箱，豬羊牛肉就露天一字攤開，任由蒼蠅吸血啃食。不要怪肉販懶得揮趕，幾十萬隻蒼蠅的雄兵你敢揮打牠就敢來咬你！日溫三、四十度的開放市集腐臭熏鼻，不要說吃進去大腸桿菌，吸進去也有可能。但做特色吃食的攤位前，一點也不冷清，人們一手揮臂趕著蒼蠅，一手彎肘護碗往嘴裡扒拉著說不上名的麵湯粥水。

高溫油炸的麻花應該是安全食品吧！酥酥脆脆打成百褶狀的扇形，當時在臺灣是沒見過的。但手邊只有人民幣，沒有糧票，想要試吃也是免談。變通的方式，是先向賣麻花的買糧票和塑膠袋，再買他賣的麻花。無奈賣麻花的以為我們窮到連糧票都沒有，一臉惡相，大罵「沒糧票、沒塑膠袋，你們是來找什麼碴！」我又不敢吵，侄女見我不吵，她也就沒吵。於是挨了一頓

罵,麻花也沒買成。不過倒是買了不少水梨,因為在大陸買水果可以用人民幣,不用另備水果票。我沒有自備提籃或塑膠袋,便脫下遮陽用的長袖襯衫來包裹。

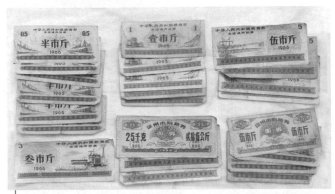

改革開放前,大陸商品短缺,政府採用「以票限購」的方式,控制居民消費。類別除了圖中的糧票外,還有油票、肉票、蛋票、布票、火柴票、肥皂票、自行車票、電視機票等諸多票證。

「首部曲」寫到這兒,想起幾十年前,小學課本裡敘述著大陸使用糧票、布票、油票等票券來管制民生物資。臺灣同胞大概沒幾個人經歷過,但我第一次到大陸回老家就陸續有一些收藏。下次有機會到大陸旅遊,真該再到古董市場去多找些糧票、油票什麼的來擴充我的收藏,存貯我第一次的記憶。

說到衣著,徐州地區穿著最花枝招展的,大概就是我們家。老爸常穿花格襯衫,配上象皮皮帶,挺著宰相肚,舉手投足就像德州石油大亨;媽媽帶了幾套套裝,有的是寶紅絲絨貴氣型,也有的是鏤空緞繡嫵媚舞腰拐型,值勤的公安看到我們,總是用無線對講機擴音大聲說「舞腰拐!」

都怪我的無袖花襯衫太清涼,台幣一九九元的橫條襯衫又

太像囚犯，才會如此受到注目。但我真正想說的是，不論走到哪兒，在當年，我們三個「老台」的穿著和內地的同胞比起來，都不太搭調。而三十幾年下來，你不能不真誠地承認，走在徐州的大馬路上，我穿得再鮮豔美麗，花枝招展，也一定淹沒在大陸女人花團錦簇的人海裡了……

七
夢月大哥來臺灣

　　父親去世前一年，家裡電話曾出現異常，電話帳單上出現多筆國際電話打到大陸、日本、帛琉等不應該出現的話費。家裡人分析異常原因，認為都是國際碼相近，父親亂撥。後來我們通知電信局封鎖國際電話撥出功能，家裡的那支電話至今再沒出現異常電話費了。

　　二○○八年回大陸探親時聽了侄兒祥豹敘述，他與爺爺最後一通電話的對談，我差一點無法控制情緒，跑到外面去緩和心情，拭去眼角的淚。

　　在父親失智期間，侄子接過他多次電話，最後的一次電話對談內容深刻我心。父親雖失智，忘記回家的路，忘記吃藥，忘記孩子姓名，但是他沒有忘記想再一次回賀樓老家。他想家想的那麼強烈，那麼可憐，那麼無助，沒有任何人可以再幫他一次去回老家。最後的一次電話，父親半夜兩點左右醒過來，從臺灣的家裡打一通電話給徐州賀樓我的侄子：「祥豹啊！爺爺到了雲龍山了，快來接我啊……」、「祥豹啊，你知道雲龍山嗎？……」

　　大陸的侄子安撫臺灣的爺爺：「爺爺，我知道雲龍山耶。爺爺你現在再去睡一會兒。早上醒來我再去接你……」、「去睡哦。」、「去睡哦。」

　　大哥聽聞後哭泣：「毀了。毀了。我老爸爸傻了……我老爸

爸這一次是真的傻了！……」

父親最後一次的電話內容，夢月哥及侄兒祥豹都跟我說過很多次。

我的臺灣母親年紀只長夢月哥六歲。每當夢月哥喊我媽「媽媽」，不僅是我媽彆扭，連我聽起來都不對勁。父親怎麼有那麼一個老兒子。這個老兒子外觀看起來比我的父親、母親都顯得更老。再加上徐州方言聽不懂，第一次的探親見面交流，所有的對話我都需要透過侄女再說明一次。

剛開始，父親也是無法與這個「老兒子」做語言表達、交流，許多生活上的細節，他無法向「老兒子」開口要求──「燒熱水想洗澡」，「太胖了蹲不下去要脫襪子」，「茅坑怎麼那麼髒。你弄弄乾淨」等等，父親就是做不到去要求他的親兒子夢月哥幫他做這些稀鬆平常的小事。取而代之去要求我侄兒倒是沒問題。原因是侄兒的年紀與我弟弟相仿，父親以在臺灣的父子相處模式來與大陸的孫子相處，倒還是不覺得難堪。但是對夢月哥這個「老兒子」就不知道如何溝通穩妥些。

有一次聚會，父親揮揮手，意思是「夢月，你自己也很忙，可以不用跟著來」，結果父親繼續去公社大隊拜訪幹部，夢月哥跑去大娘墳墓那兒哭，他誤以為父親排斥他、嫌棄他。

父親吃飯喝酒回來聽到夢月哥到祖墳去告狀很生氣，「莫名其妙！這個老兒子一點都不會看我的手式啊。……」當時在場的我深深感覺，雖然是父子血脈相連，卻因為從沒共同生活過，兩方都無法解讀、猜透肢體語言而引起誤解。最初的幾年，夢月哥極度害怕父親，父親的臉色一變，眼神稍有不爽，夢月哥就嚇得找我或是我媽媽「支援」。

二〇〇〇千禧年安排夢月哥來台探親。

自一九八九年至二〇〇〇年父親已探家五、六次，我還以為父子已摸索出相處之道，而大膽安排他來台三個月。

當時我在丹麥剛結婚，正是度蜜月的假期中。夢月哥抵達臺灣後兩星期我們才通了第一次電話，想不到，我的夢月大哥在電話裡就哭了。他害怕無法繼續再忍耐、再熬兩個月等我回到臺灣。

夢月哥在臺灣生活的不適應，出在他過分在意父親的反應。譬如煙味不對，父親就說：「不喜歡，那就少抽唄」，因為在臺灣是買不到大陸生產的香煙的。夢月哥為了順從父親竟然痛苦的開始戒煙。吃飯喝湯，父親說了一句：「乖乖！喝那麼大的聲！」夢月哥不知道如何吸湯，開始觀察別人怎麼喝湯，而歡氣：「喝碗湯，真彆扭！……」夢月哥最委屈的是洗完澡後要洗廁所，且把浴室地板要擦乾。我聽了哈哈大笑，告訴他：「那是媽的工作，不然浴室濕滑，老爸跌倒了，那還得了？你就幫個忙讓我媽休息一陣子吧……」

通過那個電話後，我的夢月大哥開始搶著洗廁所，絕對擦乾浴室，而且做得很快樂。

夢月哥一直生活在老家賀樓，真正的農村人家，沒有浴室或西式廁所。從不知道我們就是天天這麼做、天天清潔打掃衛浴。他學習與老爸的相處之道，就是看著他那兩個臺灣弟弟怎麼做，他就怎麼做。犯上煙癮就跑到附近小廟去抽煙，絕對不在他老爸面前吸煙了；他也知道了，老爸泡的咖啡不好喝，其實就是糖加少了，那糖就多放一些也就行了。看到父親又要數落人，他就趕快挪個位置，坐到我媽的旁邊，他知道，他老爸是不大好面對著

他的太太數落人的。雖然漸漸適應了臺灣的生活方式，但是夢月哥根本不敢全套模仿我那兩個弟弟與父親的抬槓方式。他們常有辯論到臉紅脖子粗、父子握拳槌肩等激烈形式。他知道，他可沒有兩個弟弟的資格。

在夢月哥眼裡，臺灣的生活方式，就是在他的親老爸的家裡，家人相處之道，也有太多、太多的不可思議了。他後來告訴我，那時期，他的日子，「過得就像個『小媳婦』。這家裡沒你講話的份兒。」

一日親戚來訪，二弟大咧咧地介紹「這一位是我爸從大陸來的親弟弟。」

二弟原來只是開個玩笑。夢月哥看起來那麼老，他想幽默一下。卻不想，父親不顧親戚情面，脫口而出大罵他的二兒子——應該是三兒子——「混帳狗東西！他是我兒子，哪能變成弟弟？你才是他的弟弟！……」

父親是真罵，嚇得兒子們諾諾，卻惹得親戚們尷尬大笑……

父子相認十年有餘，原先在大陸，夢月哥很風光，有一個臺灣帥爸爸，有一個善解人意的年輕媽媽，但是來到臺灣，夢月哥卻因自己的長相，害怕讓大家都丟臉。直到那一刻，父親在他人面前大聲說出「他是我兒子」，夢月哥終於不再介意父親使用「老兒子」這樣的形容詞了。

臺灣老兵的父子相認，不光是父認子，更重要的是子認父。認識父親的語言，認識父親的肢體動作，認識父親的個性脾氣，更需認識父親離開老家這幾十年的心路經歷。

可這，卻需要時間。甚至是一生。

一生都不一定能夠認識。

　　夢月哥在臺灣洗廁所的「彆扭」一過，他的話才漸漸變得多起來，在他的眼裡，臺灣有許多新鮮事兒。所有的新鮮事都和徐州賀樓的老家不一樣，他都要看一看、摸一摸、嚐一嚐、試一試，畢竟，他是來過臺灣、見過世面的了。他也不在意「出洋相」，願意跟著家人一起外出去訪親戚。

　　最有趣、最讓他忸怩不安、手足無措的一件事，卻是有一次妹妹與弟妹邀請夢月哥去西餐廳喝咖啡、吃牛排。妹妹、弟妹的心意我理解，她們是一片善意。希望夢月大哥多感覺、多體驗一下與老家賀樓迥然不同的生活方式。

　　夢月哥對吃與喝都沒問題，吞下就是了。問題出在咖啡西餐廳沙發座椅面對面，空間比較窄，我的妹妹霸佔一張沙發椅坐了，而時尚裝扮的弟妹是挨著夢月哥坐的。空間窄，免不了胳臂碰胳臂、大腿碰大腿。

　　吃一餐飯別人沒問題，就他老哥哥有問題，一吃自己肚子就痛——夢月哥引述父親的訓誡：「俊男對女子上下其手，那是風流倜儻，醜男對女子多看一眼，就是下流，你要注意點。」心想這要是讓老爸知道那還得了？「竟然與弟妹大腿碰大腿……」，其他這類的笑話還有很多很多，都是夢月哥他後來與我們相熟了，自己講給我們聽的。

　　我的夢月哥啊，來到臺灣父親的家，竟真是成了劉姥姥。

　　聽過許多老兵返家的故事，許多都是以不歡而散收場。

　　國民政府在撤退臺灣後限制軍人結婚，造成軍人普遍晚婚或終生單身。一九八七年以後老兵返鄉探親回到老家，發現老兵在大陸的子女與老兵在臺灣再娶的配偶年齡相近，而產生一些尷尬情形比比皆是。譬如我抵達大陸，晚輩稱呼我姑奶奶，搭個飛

機回到臺灣我就降級變成姐姐。父親去大陸則是太爺爺（曾祖父），回臺灣又降級變成爸爸。

　　稱謂並不大打緊，但心態的調適需要時間去適應，雙方肢體語言需要接觸來學習。兩岸隔離四十年，語言、文字、生活習俗都有了很大的差異；大陸改革開放後提出各種吸引海外人士進入大陸投資的宣導，對港澳臺胞及海外同胞提供許多貴賓級的服務，或許海外商人需要享受這類的尊榮，使用貴賓室，使用升級的臥鋪，進出公共場合另有貴賓通道進出。但是很多老兵都搖頭，老兵返鄉不是為沾貴賓風光，老兵極盡省錢，就是想再多帶一塊錢回饋給失散的家人。隔離四十年後的相距，相處本是不易，老家村裡有的老農們又為老兵扣上一個帽子：「什麼貴賓？跩個二五八樣，口袋卻那麼薄！」扭曲老兵返鄉探親的真正意義──是哦，從戰壕的兩端到海峽的兩岸，這並不是一條容易填平的鴻溝。

　　我父親的老排長今年九十歲，就住在我家附近，他每天早起經過我家門口會跟媽媽打招呼，最近他開始推著嬰兒車在傍晚期間出來散步。車上的嬰兒九個月大，是老先生在臺灣的第一個孫子。

　　老先生說「小孫子不會吵著要錢。小孫子聽得懂爺爺的語言。」

　　老排長幾次大陸探親，都因出現嚴重語言隔閡與金錢糾紛，而造成不再往來的悲劇。雙方都苦苦等待了四十年，真正相聚了，卻因為小小的生活習慣與曾經的社會觀念不同而絕情絕交，更不願再多點時間互相瞭解及認識，情之可悲，令人扼腕痛惜！
……

　　我和我的夢月哥可很好，很親。父親去世這麼多年了，每次我回大陸，總要去看看賀樓村，看望夢月哥。一是為著我們的親情，二也是為著父親，他老人家在天國那邊，仍然知道：我和夢月哥，大陸和臺灣，仍然根連著根，心連著心。

八
十二歲做挑夫的「阿背」

「阿背」是閩南語發音，普通話就是「老伯」的意思。

我從小就認識的「阿背」就住在我們隔壁，每次看到他我就要趕緊跑遠，因為討厭他會拉我的長髮馬尾辮。真正跑遠了卻又要回頭看看，「阿背」有沒有在乎你，這就是小孩子的心思啦。其實，叫了他幾年的「阿背」，直到頭髮辮剪掉讀國中、讀高中了還是只叫他「阿背」，從沒和他交談過第二句話。

我從小就知道「阿背」和爸爸一樣，也是一個隨蔣介石遷台的老兵，但在街頭巷尾聽到「阿背」熟練地用台語與人吆喝說話時，一直以為「阿背」語言能力超越我老爸很多，他願意入鄉隨俗學講臺語呢。「阿背」就住我們一牆之隔的正隔壁，也是四十年的老鄰居，也是我唯一認識的一位原會講臺語的老兵。

「阿背」四十歲上下退伍，搬進合作新村成為我們的鄰居，被分派在后里馬場當工友養馬。

后里馬場距離我家五、六公里，馬場的馬是一九四九年國府遷台時引進的一批戰鬥好馬，但因長年局限在臺灣近親交配繁殖，整個物種體系全部退化。大家都知道后里馬場的馬再不具備戰鬥價值，只剩應付電影拍片或開放給民眾休閒娛樂用途。

小時候習慣在年初四、年初五到馬場去騎馬。

「阿背」會事先關照馬場大門檢票員，我們不用買票就可以

進園參觀。那時候年紀小，不以為這是偷雞摸狗的違法行為，而是光明正大認為這是老兵子女的「權益」。

我也從不好奇「阿背」為什麼沒結婚。那個年代，只要是混不出個所以然的老兵，基本都是「老光棍」的下場，誰也不覺得這是一種鄙視他們的態度。但也不知道什麼原因，一個小巷裡住著兩個老兵，可這兩個老兵一直沒有建立起友誼關係。雖不曾聽過老爸欺侮他，但也不曾見過老爸與他閒聊拉呱。在夢月哥千禧年來台探親三個月的兩三年後，我每次回台到合作新村看爸爸媽媽，便注意到小時候我認識的「阿背」已經是一個很老很老的老人，孤單地坐在門前龍眼樹下乘涼看路人。

他見我回來了，會欠欠身子向我點個頭：「你阿兄好嗎？」

這是我這一輩子與「阿背」說的第二句話。「阿背」認識我夢月哥，他這是在問候我夢月哥呢！

再後來，媽媽告訴我「阿背」也有去參加「老兵返鄉」活動，那兩年報章雜誌電視新聞常會有「鮭魚返鄉——帶老兵回家」的新聞，讓老兵開始思考——生不能回家，死也要落葉歸根，灰灑故土是他們的最後遺願。

有一次，「阿背」在龍眼樹下攔住我，要我幫忙看看一張申請表格。原以為會是大陸尋親相關檔案，結果卻只是一張護照申請書，這是花兩千塊台幣就能搞定的事，與回大陸探親還是差老大一截子呢。我婉轉地回絕了他，並告訴他，申請護照交給旅行社辦就可以。「阿背」信誓旦旦認真地當一回事，告訴我大陸記者有來會場採訪，有許多大陸企業捐錢贊助、買機票帶老兵回家。

「阿背」說得很認真。坦白講，我當時聽「阿背」講話，有一點應付的味道，我不就是這麼應付這個「阿背」幾十年嗎？

……我總是記得他拉我的馬尾辮，雖然當時就知道他這是跟我鬧著玩，但我確實不大喜歡這個「阿背」老兵啊。

第二年和先生又回到合作新村，這一次換我好奇「阿背」有沒有回大陸探親了。

看到坐在龍眼樹下呆若木魚的「阿背」，我剛要打招呼，卻見他像是吃了安眠藥或鎮靜劑的沒一點兒精神。他視而不見，聽而無聞，像是晾在日光下的一塊老蘿蔔乾，又黑，又瘦，又乾，沒一點生氣。

我只得把到了嘴邊的話又嚥下。

回到家，媽媽說「阿背」好久不講話了。我心上一慟！

吃過全家聚會晚餐後，把先生撂在飯店看電視劇，我又回到合作新村找「阿背」，想問問他回大陸探親的事兒可有了著落？

這一次，「阿背」不像下午見到的活僵屍般模樣。他已吃過晚飯，喜孜孜地看綜藝節目聽胡瓜的笑話。

他的小客廳點著一盞昏暗的燈光，挑戰著我的視力；又有著隱隱尿騷味，讓我喘不過氣；還有難以形容的蘿蔔乾醃制味，處處逼人。我真的懷疑能在這兒待多久？

幸好「阿背」聽完了胡瓜的笑話關了電視機，這才有了我們認識這麼多年的第一次聊天。

「阿背」的大名叫王大溪，十二歲就隨國軍來台，因為要吃飯，十二歲上就做「挑夫」給國軍做苦力。若是說起他的人生，那就是那一代戰亂中普通民眾的人生，苦得讓人無法傾聽。我邊聽，心裡邊酸酸地翻湧著一種無法說的疼痛……

「阿背」是福建人。具體是哪個縣，我也沒問得成。「阿背」說在福建家鄉時他的小名為「溪哥」，蓋因母親在村中溪溝

洗衣時突然臨盆，短短幾分鐘就生了他，沒受一點苦，因此母親心裡喜歡，命名小嬰兒為「溪哥」。溪哥的父親讀了幾天書，內戰的幾年間接連著逃難，全家淪為乞丐，跟著國軍走。溪哥的母親原是綁了「小金蓮」的，腳程卻是又快又能背重，擔負著全家的「輜重」。卻不想，逃難過程中母親又早產生下小女嬰，飢餓無奶，小女嬰撐不到兩個月就草草埋了。從此，母親病懨懨地和因病坐在板車上的父親跟著人潮逃難。

　　板車和毛驢是逃難過程中，當時十四歲的大哥從北方來的難民潮中夜間偷來的。

　　他不偷不行啊。父親、母親都走不動了。

　　板車上拖著病重的父親、母親，父親肺癆久咳不愈，冷熱無常，高燒不斷。他雖神智恍惚卻堅決不願再跟著難民潮走。不願拖垮妻兒求生的機會。他交代著「往南走。跟著部隊走。只有跟著部隊，你們才有飯吃。」他自己卻坐在逃難途中的一處破瓦房屋簷下，堅決不走了。和父親一樣衰弱的幾位難民，齊齊地坐在那裡，絕望地揮著手，使勁地揮手，趕他們的親人趕快跟著國軍走。

　　國軍也在逃啊。他們跟著國軍逃。

　　溪哥邊走邊回首，看著注定必死的父親，母親在板車上泣不成聲要他們不要再回頭了。

　　父親手裡有幾個冷凍的飯團，還有半壺摻了水的米酒。溪哥雖小，卻知道：那就是父親上黃泉路上在人間的最後吃食了……那時正值中國農曆年過後，陰曆正月末，陽曆二月的早春。那一年的雨水多，下得淋淋漓漓，特別濕冷。父親還能熬幾天？……小小的溪哥，他能問誰？……

　　母親也不能走了。母親堅決不走了。她要他們哥倆自己逃命

吧。十四歲的哥哥捨不得母親，他要和母親一起留下來，卻讓溪哥坐上板車、趕著毛驢一個人走。溪哥不肯，他想和母親哥哥要死要活在一起。卻被哥哥搧了一個耳光，怒罵：「你要我們王家斷子絕孫嗎？你給我跟著國軍走！……」從茲，溪哥十二歲上，就做了國軍的挑夫。

命運的關鍵點是那只黑毛驢。

行軍的部隊強收這只黑毛驢及板車來拉載軍用品，毛驢脾氣倔強翻臉不認人，只聽溪哥的吆喝。因此，國軍自然而然也強征溪哥當挑夫，不但要搬運貨物還要照顧小毛驢。但是，溪哥從此不挨餓了。跟著國軍，總能吃個半饑半飽。

就這樣，溪哥稀里糊塗地到了臺灣。國軍對他還不錯，因染上父親傳給他的肺結核，接受治療，前後又拖了幾年，直到十六歲，他在鳳山從軍入籍，連長給名「王大溪」。姓氏王或黃，連長也不在乎。溪哥說「我叫溪哥，」但連長不接受，反罵他：「你他媽的是誰的哥？好了。好了。加個『大』吧。王大溪就是你了。」連長喊一聲：「王大溪。」

溪哥站直了，應一聲：「到。」一直應到今天的一個又黑、又瘦、又乾的小老頭兒。

「阿背」跟我說起這些往事，一忽兒陷入回憶，一忽兒又好像清醒，他喃喃自語：「什麼國軍不國軍，什麼戰爭不戰爭？當時都沒概念，那時只有一個字：餓。早晨餓著，睡醒；晚上餓著，睡著；除了兩條腿跟著國軍走，腦子想的都是那一碗粥。那時哪有飯吃？都是不能再稀的小米粥哦！……」

讓溪哥大喜過望的是，哥哥和母親跟上來了。所以能跟上來，是國軍在福建海邊耽擱了下來。他們就這樣跟著來了，捱著

部隊走，母親還要小心防範不被非禮，難民潮中這類事太多了。國軍和難民，逃難逃成這個樣子了，仍然不忘了找女人，弄女人。這是人的本性吧。見到了哥哥和母親在，三個人抱頭痛哭一場。哥哥卻慶幸，溪哥能有了一份「能吃飯」的工作。溪哥把棉襖內側小心撕裂了一個小縫，逮到機會抓一把生米就往那個小縫填，總是有機會能溜去找母親，找哥哥，所有難民眼睛都紅了，看著溪哥把大米從棉襖裡掏出來給他哥哥。一把米、兩把米、三把米……都是冒生命危險從國軍那兒偷來的。

沒有預告、沒有軍情，四月初的一個夜晚，部隊得到通知上船。有二十條船，運輸艇、小漁船、馬達船都有。上船去哪兒？去南方？去臺灣？溪哥忙亂中開小差半小時，跑去找附近混雜在人群中的母親，他口袋中還有兩把米呢。母親在哪兒？找不見。哥哥在哪兒？沒時間了。他只知道，他必需要跟著國軍走才有飯吃。可是，兩個親人全找不見了。沒見著……他趕緊又回到碼頭跟著上船。他心想，大哥和母親可能也跟著國軍上船了吧？

一切都是瞬間。一切都發生太快。不容這個十二歲的孩子多想一想。

模糊記得十幾條船順著夜間的退潮，倉皇駛離小碼頭。那一夜雖有明月高照，瘦弱矮小的溪哥還是無法在人群中尋得他熟悉的身影──母親和哥哥的影子。想不到又要面臨暈船的痛苦。溪哥第一次搭船，第一次看海，從不知行船步伐沒個底兒。船隨著洋流湧浪上下擺動，攪得無一物的空腸噁出陣陣的胃酸。有人撐不過竟跳了海，還有的人搞不清是死是活，伴隨一攤吐瀉物也被丟下海去──他們可都是國軍在戰火綿延中掙扎下來的弟兄啊！

年少的溪哥在臺灣高雄上岸，人生地不熟，他真正地澈底地失去了所有的親人。十二歲，更是只能緊扒著國軍過活，做牛做

馬都行，只要能有一口飯吃。大家都很乏，人人都迷惘。溪哥還是繼續偷米塞進褂子內側小心撕裂的破口袋。他心裡唯一想的一件事，就是或許不久，在臺灣的哪個角落裡，還能找到母親！

「阿背」的玻璃茶几上壓著一張老舊的海事圖，掀起那塊泛黃的玻璃，「阿背」很輕柔、很寶貝地指給我看，「阿背」是從福建平潭上船來臺灣的。一九五〇年四月。

「阿背，你可知道你是哪裡人？」

「毋知。我太小了。那時也沒想那些，只想著餓。只想著如何趁機偷一把米，好給我母親……」

「阿背」突然就哭了。

多少年來了，他可能從沒有機會和別人聊起他的一生，他的母親，他的親人和他不知道在哪裡的故鄉……

我看過小孩兒哭、女孩哭、自己哭、媽媽哭甚至我的老外先生哭，但是我沒看過一個又黑、又瘦、又乾瘦的老男人哭。

「阿背」的哭讓我手足無措。

「人家也不姓王。」「阿背」捧出一個舊的月餅鐵盒，這是「阿背」的時光寶盒，存有「阿背」一生的證件及小紙條，「阿背」用殘缺的手指撥弄兩下，遞給我一塊粗棉布，鐵灰色的布面繡一個字：「黃」，這是「阿背」的小腳母親繡在他棉襖褂子領口的一個字。

「阿母，手指纖細靈活，針線女紅從早做到晚哪。」

「阿母，賢慧。她纏足，那小腳比大腳都管用……」「阿背」用他渾濁的閩南話邊哭邊說……

「阿背」小心觸摸著這一小塊灰棉布，這是他唯一與他永無再見的母親的唯一聯繫。

　　我很想問他還記得母親的長相嗎？但我沒敢問。

　　「人家雖沒有讀書，但是我的真正姓名是黃溪哥。祖籍福建。」

　　「毋知阿母、阿兄有來臺灣耶？」

　　「哎，這戰爭日子苦哩。哪裡是人活的。為什麼要打仗？……」

　　「阿背」問我，我哪裡知道？

　　「阿背」不哭了，卻再也無語。

　　二○○七年盛夏，合作新村的鄰居發現老兵王大溪坐在客廳椅子上睡著了。因是半夜兩點，全戶電燈全開，電視機音量極高，鄰居認為不對勁，報警處理。

　　老兵王大溪，享年七二歲。

　　一二歲到臺灣，直至謝世，王大溪，不對，是黃溪哥，再也沒回過大陸。半年後我才得到訊息。

　　媽媽輕呼一句「公所派人來，草席捲一捲，處理掉了。」

九
尋找裝甲兵在金門的足跡

　　帶著一張金門一元紙幣──一張父親收集多年夾藏在我集郵冊中的紙幣──去金門尋找父親們的足跡。

　　榮民老兵謝玉春先生──也是我的姨丈──說給我許多金門的小故事。這些故事「跳戲」很嚴重，無法說出時間先後順序，他說時代背景就是那麼一回事──戰亂、國亂、民亂──現在他八十五歲了，許多記憶及講給我聽的故事，也開始出現時空背景的混亂。

　　姨丈找到他十七歲從軍時的「符號」。

　　一九四七年在湖南長沙，我姨丈十七歲，初中的學業因戰亂中斷，被他父親安插在理髮廳當收款員兼學習會計。姨丈看到「十萬青年十萬軍」徵兵佈告，靈機一動，就自作主張，跳上火車從軍去。

　　姨丈被分配進入裝甲兵戰車營，在無錫受訓三個月，裝甲兵全師官兵去到上海等待移防臺灣。

　　當時士兵收到的訊息是「有一批從菲律賓來的零件程序錯誤，運去臺灣。因此裝甲兵將移師至臺灣去裝配戰車。」姨丈與父親及多位原我認識的叔叔、伯伯等，他們就耗在上海三個月等待上船。

　　一九四七年的國軍，軍備資源已是捉襟見肘，姨丈等雖是從軍但並沒有配發軍服，應該說是沒有多餘經費配置軍服給新進士兵。但沒有軍服穿的士兵都有一個「符號」以證明他們的身分。

國軍形形色色的軍隊徽章及頭衛標誌
（注：本圖片由老徐州鄉土文獻陳列館提供）

　　姨丈告訴我，那時候國家很亂，老百姓生活很苦，商家最害怕碰到士兵，舉凡吃飯、看電影（竟然還可看電影？……）、搭公車、住招待所等等，全部不用錢，出示別在胸口上的「符號」就可以了。

　　在上海三個月等待移防的期間，全營官兵的住宿伙食都要自己想辦法。父親與其他兄弟運出許多廢棄炮彈匣當廢鐵賣給民間換大洋。那時貨幣貶值一日多變，賣肉的最怕碰到士兵來採買，因為當時政府規定，軍隊買糧買菜優惠半價，也就是買十斤肉要送十斤肉。商家看到士兵，都是忍氣吞聲直接免費送兩斤肉：「走走走。請趕快走吧。」如果士兵不走，店鋪馬上關門不營業了。因此，父親、姨丈等人必須竄夠整條市場，走過許多店鋪，才能買足裝甲兵弟兄需求的糧食和菜。

姨丈的那一個「符號」上標示他的姓名「謝玉春」，番號「海瑞」，×××號。那是他在二○一二年又才找到的。他已保存六十五年。為避免家人不懂小東西為何物而遭丟棄，他又小心翼翼地收起來、藏起來。但是，目前一時記不起來藏哪兒，八十五歲的他，答應會再翻一翻，找出來就留給我！

　　姨丈還告訴我，剛到金門服役時每個月薪水才兩個大頭，「袁大頭」或「孫小頭」放進麻袋內如同康樂遊戲來摸彩，每個官兵在麻袋裡撈，好運撈到袁大頭可到村子換金門幣十四塊錢，壞運撈到孫小頭只能換金門幣八塊錢。那些銀幣都是從大陸撤退時帶來臺灣的。

　　金門當時還用銅吊錢，「十幾二十塊金門幣哪夠抽煙買水喝？我們的肚子一直是處在飢餓狀態下……」姨丈如是說。

　　姨丈回憶那段歷史：一九四九年十一月初，裝甲兵第二連移師金門駐防，至一九五三年年中三年有餘才回到臺灣，這是你父親唯一的一次金門的駐防。後來因為八二三炮戰延續至一九七九年，金門幾十年一直處於一級備戰狀態下。最後金門於一九九二年終止戰地政務，一九九三年開放為觀光勝地。

　　而父親與姨丈等人一輩子都未曾再回過金門。主要原因是雖然金門開放觀光，然大陸返鄉探親亦已經開放，諸多老兵都把精力，體力、心思放在返回大陸探親上，沒有考慮再去金門看一看嘍。

　　二○一三年十月十五日，帶著姨丈給我的故事和訊息，我來到福建省金門縣，找到「官裡」村，許姓人家。許老先生一聽我是戰車營老兵第二代子女，不假思索，馬上請我進入家宅且接受我隨便拍照，熱情得很。許先生告訴我，實際上每三五年，就有

一位裝甲老兵回金門來尋找遙遠的、消失的記憶。我卻是唯一一位女兒幫著長輩回「老家」——「官裡」村的。他倒是很好奇，一個女孩子怎麼有耐心收集這些拿刀拿槍的故事。

老先生出生於一九四九年。

一九四九年十月金門戰爭開打，那時候他還是個襁褓中的嬰兒，沒有什麼記憶。

但自從金門戰役開打後，裝甲兵戰車營就進駐「官裡」村許家，持續佔用整個村莊長達二十來年。直到附近的戰車營區建成，部隊才撤離許家。許老先生指給我看附近的戰車營區山頭，在金門旅遊地圖上，它至今還是個隱藏區域並沒有標示出來。因為該戰車營區並沒有父親、姨丈及其他伯父的足跡，所以我也就沒有多少興趣去探索戰車營區的神祕面紗。

許老先生沏一杯好茶給我，自訴他的童年與部隊兄弟一起過，一起吃飯、一起操練。應該說他是看著裝甲兵操練長大的。許先生講福佬話，幸好我都聽得懂。加上姨丈已經零零星星講過的那些故事與回憶——「那些阿兵哥可憐喔！天天被班長揍、操死喔！……」、「阿兵哥哭喔……一個個又黑又瘦還要操練，哪個阿兵哥都吃不飽。瘦巴巴的！操死喔！……」

我聽著許老先生描述當時阿兵哥的操練生活，想像著父親、姨丈等兄弟幾百個人住在這個小村莊，個個瘦得像竹竿，黑的像木炭，冬天頂著金門季風，夏天頂著大太陽，承受過度的操練，還有不斷的炮火，讓他們累得倒頭躺下就地睡，沒時間、沒心情思念親人，更不可能想到回大陸。炮火噢。戰爭噢。仇恨哦。敵對哦。……沒完沒了的你死我活。天天準時的炮火互擊。上一代人到底怎麼啦？他們都在想些什麼啊？……

我越聽越彆扭。越聽越糊塗。越聽越心酸。越聽越悲涼。

「那些大陸來的臺灣兵，沒有想潛水回大陸的嗎？」我問。因為金門眺望廈門僅有一八〇〇米，月黑風高的晚上，游泳渡海回大陸是有可能的。

　　「操死喔！」許老先生說，「炮打得這麼厲害。人潛到水裡游過去，不等上岸，還不一槍一個全被打死喔！……」

｜姨丈謝玉春的新年賀卡上印有「效忠領袖，反攻勝利」勵志語

　　推算許老先生嬰幼年三歲期間，正是父親、姨丈及弟兄駐防金門時期，與許先生的家族親友同住一屋簷下，整個「官裡」村許家宅院二十幾戶全部被裝甲兵佔用。於是，便動了看一看父親、姨丈們舊居的心思。許先生倒熱情豪爽，帶著我參觀一戶一戶的古宅，詳細介紹，村口原先是許家大家長的家宅。一九四七年建成剛入住，就因戰爭爆發於一九四九年被徵收成為戰車營軍隊的「司令部」。這一個古宅，從那時荒廢至今六十年，二〇一〇年得到政府專款補助，在我到訪當時，所有復建大工程已完成，陸續開始進行細部的修復。許先生說，未來古宅將恢復如戰前祖先遺留給子孫的光景，一磚一瓦都不會變。他指給我看：

「古宅前大埕早期從福建運來的花崗石地磚，最大根一丈六，要二十個人從漁港一根一根抬過來呢。整個大埕用的幾百根花崗石，都被軍車、戰車壓壞龜裂了……」許先生指著兩側空地說，當年排放幾十部軍車、吉普車。幾十部戰車就緊挨著宅院後方。目前種植小麥的麥田，當時建成有幾十個戰車掩體，裡面全停放著戰車。部隊官兵與民同居，百姓人家睡在自己的臥房內，但是每戶人家都擠進一個排的弟兄。許老先生很詳細地告訴我，客廳可以睡下七、八位士兵，中庭也可以擠十來位士兵；所有的門板都拆下，晚上當排長的床板，白天立在一旁。「堂屋」大門不可關上、更不可上鎖，以便作戰警報一響立即整裝出擊。大榕樹旁的老井供居民用水，也供裝甲兵開伙，那時他們也吃得到美國的牛肉罐頭，那都是百姓用地瓜與阿兵哥換來的。「他們總吃那樣的東西，吃膩了麼。與老百姓交換食物吃，才可以開開鮮呀！」說到這兒，許老先生開懷地笑了。

　　我沒有跟許老先生提及我父親或姨丈姓名。想想意義也不大，官兵駐防每兩、三年就一輪，看來許多老兵真是住過許家，受過許家祖先僻佑呢。

　　許先生建議，要我去古寧頭戰史館參觀，那兒有更多對金門戰爭細節的介紹。戰史館外停放著兩部M5A1戰車，被蔣中正封為「金門之熊」的封號。不知為何，或許父親、姨丈等兄弟三年駐防金門沒有受到任何褒揚，也沒有受到實質的肯定，讓我對停放在史館外的那兩部「老古董」起不了任何感動。

　　參觀過古寧頭戰史館後第二天、第三天，我又騎著摩托車回到「官裡」村，沒有目的，不是要找人閒聊，不是要拍照，只是想再多踩踩這塊土地——父親、姨丈曾在這兒流下汗水，流下淚水、留下足跡、留下他們苦澀的記憶。

恰好再逢上許老先生，我把集郵冊裡一元金門幣拿給他看。他大驚訝：「哇哇。你還留著這個呀？一元幣？那個時候，一元幣也買不了什麼東西呢。好好。這也是『金門之熊』一樣，要算老古董嘍！……」

　　我笑了。是的。他們都是老古董了。

一元金門幣，上面的頭像是「國父」孫中山先生

　　用望遠鏡眺望廈門，藍色海波上，廈門的高樓大廈、環島高速、亭台水榭歷歷在目。

　　「金門」，是離大陸最近的「臺灣」。六十多年前的冤孽，三十多年前的炮火，隨著社會的進步、大陸的開放，都已遠去……「小三通」、「大三通」、民間、政府間的交流與往來已習以為常。現在，大陸人來臺灣，臺灣人去大陸，誰都不會出現訝

異的目光，甚至，儘管不相識，也會報以一個友好的微笑。俗語說「五百年前是一家」，何況，一峽兩岸，陌生不過幾十年，大家心裡都知道：我們就是一家人——龍的傳人。

　　走在金門，走在這塊留有我父親周昇雷的足跡、還有我伯父周昇雲、姨丈謝玉春、姨丈朱更戍、姨丈趙敦成、姨丈林××及其他更多叔叔、伯伯的足跡的土地上，遙看廈門，回望臺灣，我在想，「和平」這個字眼兒，是多麼可親，多麼珍貴啊！……

十
老兵伯伯們的「防衛」心

　　父親二十四歲在金門駐防時曾與其他士兵打架，舉起機關槍對準對方，結果就是雙方都受到嚴厲的懲罰，而其他同排士兵也牽連受累。

　　父親回憶說，那時年輕氣盛的年紀哪是當真，都是虛張聲勢地嚇唬對方罷了，一個戰壕裡活命，鬼門關上溜達，槍口是必須一致對外的。

　　父親三十七歲時緊急調防新竹湖口，因為發生湖口兵變，為免發生牽連，所有支援士官兵的個人資料、書信、檔案、照片全部銷毀了。那時的架勢，全臺灣的槍炮口，都對準兵變的裝甲部隊呢，一個火星子吹著，國軍內部就要大開殺戮了！……其實沒有人願意打哦，大家九死一生保住小命，沒死在敵人手裡，要死在自己人手裡？做鬼都不服氣！父親如此說。

　　以上是父親僅有的幾次蜻蜓點水般談他軍旅生涯的「刀光劍影」，其他的事情怎麼問都諱莫如深地不肯說。「小孩子家家，不好好讀書，問那麼多做什麼！」他總會如是說。

　　在所有我認識的老兵中，感覺最難打開他們心防的不是父親這樣沒有多少戰場經驗的「嫩兵」，而是那些實際經歷過戰場浴血打鬥，後又幸運存活的士兵。

　　其中有抗日戰爭、古寧頭戰役、朝鮮戰爭、八二三炮戰、

滇緬孤軍等。經歷過這幾項戰役的士兵，又分為國軍及俘虜兵。當有的老兵侃侃而談他們如何驍勇應戰、殺敵百千、說得口沫橫飛、慷慨激昂者，多半是國軍；當問到老兵金門戰役或朝鮮戰爭細節，如果是掉頭就走、揮手不談、或心存懷疑、冷冷瞪人者，多半是在這兩次戰役中的俘虜兵，在臺灣我們尊稱他們為「投誠義士」。

這真是歷史給他們開的一個絕對的殘酷的「玩笑」。

我曾經發函給臺灣榮民輔導委員會，請求支持提供不涉及版權問題的韓戰來台「投誠義士」的刺青照，目的僅是要凸顯當時的時空背景——那些戰爭、那些仇恨、那些莫名其妙的緣由，就是這麼荒唐且殘酷地沒有人權與人性地做出來這樣一個結果。

一九五四年一萬四千多名在韓戰後的俘虜兵選擇來台，為表「忠貞」他們全體以刺青方式表達來台決心。刺青圖樣多半是臺灣地圖、國民黨徽、中華民國國旗及「反共抗俄、殺朱拔毛」等等的字眼。

一星期後，我得到輔導會的回覆，說當輔導會工作人員向榮民伯伯提到朝鮮戰爭，老兵的情緒馬上產生極大變化，這些皮膚上的刺青，已經變成老伯伯們心上不可碰觸的舊傷痕。每一位老伯伯對於他身上的圖騰所賦予的意義，都有不同的解釋與回憶。但他們基本都不願意再揭開這舊日的疼痛。輔導會回函，建議我更具體解釋我要這些刺青照片的目的及用途，工作人員會再努力與榮民伯伯去溝通溝通試試。

我知道這是託詞了。我就是不想放棄，也要放棄了。

轉而想到自己住在美國的朋友陳佳蓓，她的父親就是「朝鮮志願軍」，一九五四年俘虜投誠來台。我發信給朋友，想讓她說服父親說說他的故事，得到的答覆是「父親的防衛心還很強烈。

不願再提此事。」

　　為了這個命題幾天裡我反覆思考，朝鮮戰爭早就有軍史檔案、歷史學者研究整理且編輯成書。我要的照片應該不難找。但是，需要在我的這本小書中登錄那些刺青照片嗎？對我想表達老兵的心聲有意義嗎？光是刺青圖片就足以代表朝鮮戰爭的老兵嗎？……那些刺青圖騰照都是深刻在伯伯們身上抹不去的傷痕，甚至是刻在他們心上剜不去的痛苦。原以為刺青照片可以代表朝鮮志願軍中「投誠來台」的老兵，現在也發覺，我是不是也有些幼稚？荒謬？或者是荒誕？……幾乎所有的老兵伯伯、包括我的父親、姨丈，都會用他們畢生的沉默來對待那些個淒厲可怖、絕望恐懼、嗜血成魔的戰亂歲月。那是只有用悲血、漠視、遺忘、逃避，以時間為凝劑，才能封堵的深獄之境。光那些在夢境裡、潛意識中、不經意間驟然溢出的碎片，就足以讓他們深深地陷入無邊的驚懼與久久的哀傷之中！我還要去撩撥他們那根開啟回憶的神經做什麼？

　　朋友的一句「父親的防衛心還很強烈。」這句話就代表我想尋找的答案！我也突然就明白了，這麼多年，我的那些老兵伯伯們，為什麼把自己的那一段經歷、抑或是歷史──四十年啊！──包得那麼緊，守得那麼深，不輕易向他人打開心扉，憶敘心傷。

　　父親平常是很少給我們講大道理的。

　　這一次我的採訪碰壁，父親卻說了我此一生不會忘卻的道理。不。不是道理，是哲理──

　　父親說：「臺灣老兵」是古今中外戰爭史上一個奇特的現象。

　　是當兵的人很難經歷的最痛苦的人生經驗。特別是有「刺青」的那些人。

　　你們些小孩子，懂什麼？……這些人很多原來都是國軍，在抗日戰爭中功勳卓絕；但在大陸說的「解放戰爭」中又被共軍俘虜，編入了他們的部隊，立志保衛新中國；朝鮮戰爭中，他們是「中國人民志願軍」，為金日成打仗，對抗美帝；但是在朝鮮戰場又被聯合國軍隊俘虜，移交給美國支持的國軍；他們大多數都是自願來臺灣的，卻又被刺了青。古代罪犯有一種刑罰叫「黥面」，就是把鐵燒紅了烙在臉上，留下疤痕，也有直接刺上「金」字，表示他是罪犯。

　　這些被「刺青」的老兵，原本都是想在家鄉安安分分種幾畝地過日子的農民，一輩子卻被命運驅趕著在刀光劍影下討活路，為了他們「至今也沒搞明白的祖國」，去背井離鄉，去浴血奮戰。身邊送走了無數個肝膽相照的戰友，身上沾滿了不知多少個興許是自己親人的汗血……歷盡數次戰爭的摧殘，幾次被俘、幾次受罪，到哪裡都被像異類一樣提防著，無家可歸地流浪讓他們終身痛苦、無可依託的孤獨讓他們終生難安。累了，厭了，也麻木了。誰願意接受你的採訪，說自己的故事？你寫臺灣老兵的故事，我支持。但你要翻這些人的老帳、揭他們的傷疤，我這裡都通不過。

　　哦哦。我終於明白且懂得了：有些人，不應訪；有些事，不能說。

　　小時候，父親是我心目中的太陽。他高大俊挺，每次從部隊回來看到孩子，第一件事就是抱起親吻、擁抱，再來把我們舉起放在他的肩頭上，在小小的屋裡玩爸爸與兒女的遊戲。逗得我們歡笑沸天！……

　　但這類的記憶很少很少，且少得可憐。因為父親原先在台

中清泉崗服役，家眷住在營區旁，那時我才三歲，小屋子才二十平方米大，原先是豬圈，父親收集很多木片、竹片搭蓋起的一個「家」。

一九六四年一月二十一日湖口兵變，又稱湖口裝甲兵事件，裝甲兵副司令趙志華認為政府官員沒能力而且腐敗，蔣中正已經被貪污集團包圍，必須「清君側」，因而發動臺灣新竹縣湖口鄉裝甲兵湖口基地的兄弟隨他北上的事件。

「叛變」消息一出，國防部立即指示新竹湖口地區進入一級戰備狀態，判斷裝甲兵戰車僅需四十分鐘即可抵達臺北，下令進入臺北市的所有橋樑都裝置炸彈，等候通知引爆。兵變未果，趙志華被逮終身監禁，連帶非常多官兵也受牽連，受到不同程度的軍法審判。因這個事件，台中清泉崗裝甲兵部分官兵急調新竹湖口接收駐防，父親就是其中一員。父親不在清泉崗服役，媽媽也不願繼續住眷村，媽媽賣了她父親留下的遺產，買了一小塊空地，從此舉家在豐原落戶。

一九六〇年代的交通工具哪有今天這樣方便。從新竹湖口來回豐原都要各花一天時間，走路、搭火車、再走路回到家。父親一個月才休假，一次休兩、三天，每當收假要歸隊時，都要趁我們睡著了偷偷離開。我們睡著又驚醒過來爸爸卻不見了，我們便哭泣著跟媽媽要爸爸。媽媽其實比我們還難受，但她卻要想盡辦法哄我們不哭，說爸爸很快就會再回來的。

父親是孩子們心中的太陽。但這太陽卻是那麼高大、又高高在上，因為父親停留在家裡的時間實在是太少了，我們都不記得他的模樣。甚至母親在家生產難產，父親都無法陪伴照料，多虧父親的兄弟、當時已娶我阿姨的老兵朱更戌姨丈及時請來產婆，才順利生下二弟。

　　現在想想，總是喊著幼年沒有父親陪伴著成長的我們是多麼地「貪得無厭」。相比於那些身上刺青、心上傷痕累累的「投誠義士」，我們享受的天倫簡直就有些矯情與不知好歹。

　　往事不堪回首。往事並不如煙啊……

　　一九六八年父親退伍，家中四個孩子，年齡從三歲到六歲間，個個調皮又搗蛋。

　　家裡是這種情況，父親又多年不和妻子、孩子待在一起，所以退伍之後，父親並沒有接受榮民工程處沙烏地阿拉伯海外工程隊的高薪工作，他也沒有接受去梨山果園的開墾分配。他認為既然離開部隊，就再也不接受政府安排的工作，也不接受有任何長官來支配他的行動。

　　經歷過戰爭與歲月的啃噬，父親知道他最需要什麼。

　　他要與母親共同撫養如吹氣球般快速長大的四個小孩。他用退伍金兩萬五千元，買了一部二手計程車，身材漸發福的父親變成計程車司機，天天開車出門攬客，但賺的錢沒我媽媽多。主要原因是臺灣人不喜歡搭乘外省人的計程車。父親招不到生意賺不到錢，反而不如跑去打麻將，贏錢機會還更多呢。開了幾年計程車贏利極少，父親還曾經嘗試賣了兩個禮拜的水煎包，仍然不大行。父親便再次做了一個大決定，把家中幾年的積蓄拿去買一部二手大卡車，在台中港托運玉米。不料全台鬧鬼，謠傳中共派匪諜進入臺灣鬧鬼，造成台中港封閉，頓時父親的卡車沒了貨運單，他又必須賣掉卡車。……我現在都記得很清楚，父親開貨車時回家，常常與母親喜孜孜地計算賺了多少錢，存了多少錢。讓我心裡好不高興！為了報答父親的養育恩澤，我常常跑出去「巡邏」，確定我們家的卡車沒被人偷。

　　那時我好光榮啊，我家有部大卡車啊，且父親當時天天都

能回家。可隨著台中港封港，父親開卡車賺錢的日子卻只有六個月。

一九七八年，父親找到的新運單是往返梨山或雲林運送西瓜及蔬果，這工作算是不錯，全家正高興，不料，父親從高高的卡車上摔下來，傷了髖骨，不能開車工作了，只得賣了他養家糊口的二手卡車，失業在家休養半年。我們家的經濟和生活又面臨一次重大變故。母親的負擔更重了，她在外面要打兩份工，才能支撐這個家庭的日常開支。這個時期的媽媽說過很多次，如果兩岸能互往，她真希望把大娘接來臺灣，大娘持理家務，她可以專心掙錢養家。父親根本不敢想這種事，連說，他都不敢說。

我大約十二歲的時候，漸省人事。

學校的作文總是要我們寫「我的家庭」，「我最崇拜的偉人」之類的題目。習慣了我的父母是那麼辛苦地去賺一毛錢；習慣了聽媽媽是孤女，爸爸是流亡來台老兵，慢慢嬰幼兒時期我那一位高高在上的太陽爸爸變成模糊，他曾經是小女兒的英雄形象也不見了，取而代之，習慣了他變成媽媽口中的「狗熊。沒出息」，一天到晚聽見媽媽罵他「好吃懶做」，「賭錢賭光光」，以為母親真的很恨他，可轉個眼又看到媽媽盛飯盛湯給父親吃。那個時期分辨不出父母夫妻相處的模式「打是情、罵是愛」，而錯以為母親也哀怨嫁給這樣的男人。

自從父親摔傷待在家裡加上年紀又屆中年，體重直線上升，我開始躲避不願與父母說話，兩個人我都不願叫「爸爸」、「媽媽」。……並且，在月曆上畫圈圈，記錄自己的行為，數算有幾天沒有使用稱謂來與這兩位生我養我的父母交流。下課回到家，「媽」字跳過去，只講「我回來了」；需要錢，「爸」字跳過去，就講「要十塊錢買筆記簿」。……那時的我，心理有疾病自

己已經很痛苦，更痛苦的是感覺我的父母看起來就是一對失敗者。少女腦袋瓜裡從沒有父親英勇瀟灑的記憶，感覺上天安排一個肥胖大男人瞬間從天上掉下來給我當爸爸。少女腦袋瓜裡無法自己去思索……肥胖的老爸曾經也是個俊男，也曾經擔負重任，也曾經英勇威猛哦……後來父親養好了傷，為了替媽媽減輕這個家庭的負擔，開了幾年電影廣告車、接了工廠守衛工作，辛辛苦苦地養兒育女任勞任怨。我對自己的折磨也夠久了，對父母的評價也麻痺了，關鍵是懂得、發現了自個兒也好不到哪裡去，胖妞一個，讀書不出色，沒順利考上大學。一瞬間，我的心理疾病不醫而愈。

人啊，人。

把自己看低一點，把別人想高一點，活得倒比較容易。

他們這一代人，活得太艱難、太憋屈、太不心甘情願了！

……

就是作為他們的兒女，也基本不知道他們是如何活過這些年，基本無法體會他們在卑賤的餘生中對幸福的貪戀與咀味。

二〇一三年四月的那一天，我第一次看到父親年輕時期的照片。那是身在中和的姨丈，知道我遵父囑，要寫一部關於臺灣老兵經歷的書，他才交給我一本他們從軍期間的老照片。最早的照片日期是一九四九年八月十二日在彰化，一九五三年在台中大雅。

地球跑了好幾圈，父親走了很多年，直到在我五十二歲，我才第一次看到父親年輕時英姿俊朗的模樣，第一次看到父親從軍時期的照片！

激動、震撼、顫抖、傷心、哭泣、疼痛……那一天，我才知道父親是裝甲兵戰車車長；才知道我有一個很帥，能力很強，人

際關係很好且被部隊命令不得退伍的父親；才知道父親竟然有讀書，雖然只是日本佔據徐州期間的徐州中學，讀讀停停而沒畢業……對父親的過去歷史，我以饑渴式的方式去詢問媽媽、姨丈、伯伯及其他父親的老戰友，雖然零星，但都很珍貴。至少，對我非常珍貴。

我在臺灣生活將近四十年，今日回想，父親避談軍中一切事情，幾乎所有老軍人也都不公開談論他們的「過去式」，是有他們心中的大痛苦的！……

小時候在國慶日隨父親去軍營參觀，能參觀的區域多半是文康區及餐廳，看到的老軍人喝茶、聊天、看報紙、嗑瓜子……讓我從小就對父親的一生有錯誤印象。臺灣的社會思維，那些老兵，就是些「老傢伙」、「老不中用」、「老累贅」，讓我也是跟著這種社會認知態度去評斷自己的父親、評斷那些伯伯們。一九八四年，當二弟服役受不了軍隊操練而威脅要逃兵時，我還沒有開悟到能夠自我反思層面。現在想想，我的父親，曾經過著那種比二弟不知苦難多少倍的軍中苦旅生活二十二年！而這二弟，不過走走形式地不到兩年？就……

看了又看那些照片，一位五十二歲的女兒用她的眼睛，細細地瞄看及想像二十二歲的父親——您當時懊惱嗎？您彷徨嗎？您哭泣過嗎？您當時知道不知道？您未來在臺灣的路會走得這麼艱難、這麼曲折、這麼漫長嗎？

您後來娶了臺灣妻子，有了四個兒女……

您又如何想念大陸的我的大娘和我的夢月哥哥呢？……

為什麼湖口兵變，讓您做出燒毀所有個人檔案照片的決定？是上級的命令？還是您自己的決定？父親啊！您只要曾經留下一張軍裝照就足夠。其餘的，小孩子自己會編故事，會想像我有一

位開坦克車的父親，他是我的「五星上將」。

父親燒毀他所有的從軍照片。他的子女們都好苦！好苦啊！

……但是，如果燒毀能夠減輕您心中對那命運的無奈與恐怖，哪怕只有一絲，我們也願意承受這份苦楚哦。

今日我已深深地理解，我的父親，我認識的許多臺灣老兵伯伯，他們就是認命了。認命了他們的生命屬於國家。認命了生活的孤寂清苦。認命了低俗廉俸的工作。認命了他們是一批時代與歷史的棄兒。

「過一天，算一天啦。」他們用這種觀念支撐著他們在臺灣底層存活。

十一
賣壯丁的告白

　　一九四六年內戰爆發，當時國共雙方都各自在佔領區抽壯丁，也就是強徵老百姓當兵的意思。如果中間有村里長或地方角頭仲介、抽頭，就更是上演了一幕又一幕「買壯丁、賣壯丁」的故事。

解放前夕的徐州警察局
（注：本圖片由老徐州鄉土文獻陳列館提供）

　　看史料知道，共軍那邊是動員當兵，一人當兵，全家光榮。還給當兵的妻子戴上大紅花做表揚。真的，假的，我不知道。我只知道一九四七年八月，我父親才剛滿二十歲，連半毛錢都沒拿到，就自願把自己賣了，不過是賣給了國軍。而仲介就是他當時的偶像──他的三哥，我的三伯父。父親特信他的話。三伯父告訴他，當兵最好，有吃的，有喝的，有穿的，體面得很。若是幾年下來混得好，就可以當官了。一當了官，光宗耀祖不說，又有勤務兵伺候，又有下面的眾弟兄可以指揮。體面極了。父親倒沒想那麼多，但想到有吃有喝又有穿，二話不說，就讓三伯父把他賣了壯丁，至於賣給「國軍」還是「共軍」，反倒不是他所關心的。

　　父親當時就是如同台語俗諺說的「鱟頭鱟面，不知死活。」

　　賣命打仗是能開玩笑的嗎？老爸回答說：「是的，不能。」但當時就是沒想那麼多，他不願意在家種地當農民挨餓，感覺當兵吃皇糧填飽肚子比當農民踏實多了。就這樣，他自賣壯丁當了兵。半毛錢也沒拿到。

　　他加入的是什麼軍？第幾師、第幾番號？……老爸在晚年很乾脆了當地告訴我：「新兵是去當『肉包』的，哪還有什麼編制？兩百五十個士兵共穿一百套軍服，個子高穿上半身，腿短的穿下半身，褲管太長撕下來做臂套，順便當作分辨敵我兵民的依據。」

　　天哪！國軍的裝備竟然這麼差？太扯了。難怪會失了山河。

　　沿著長江中游，父親加入的雜牌生力軍抵達湖北省，是個什麼城市不得而知。

　　在那兒他們開始了漫無天日的「扒糞工程」。每天的「軍務」就是挖戰壕溝道，沒配發如黃埔軍校那樣筆挺的軍服，也沒

軍刀，軍馬。連自衛的手槍、步槍，也只有排長和連長有，目的不是向外打敵人，而是亮出來警告逃兵的。

挖戰壕、開闢戰場總是需要圓鍬、鋤頭之類的工具吧？「有的，」老爸回答，「但要你自己想辦法啊……」吃住在民家，配備也自然就取自民家。圓鍬、鋤頭、鐵耙、扁擔、木桶……只要能用的，部隊全部強制徵收。那老百姓呢？能走的走，能逃的逃，走不動、逃不了的都是些老弱婦孺。恐懼、厭倦了戰爭又一窮二白的芸芸眾生，逃到哪，戰爭火線也就跟到哪，逃又有什麼用？……

父親說：他們駐軍的那個村的老村長家的母豬產了一胎小豬，不到三天，還不會叫的幾隻豬仔都被偷走了。

老村長就睡在豬圈旁，知道豬仔被偷卻又束手無策。他乾脆來個一不做、二不休，殺了母豬，一部分上繳孝敬駐地國軍，剩餘的製成臘肉藏起來好過冬。灶廚只剩下一把鹽，還得再用幾塊豬大骨換來幾斤粗鹽，灑下胡椒、花椒，請老天保佑給幾個豔陽天好製成肉乾。

國軍那兒打點好了，軍大帥也拍胸膛保證，你就剩這幾片肉乾，不准下屬偷了。誰再偷，軍法論處——槍斃。

市郊，連遮風避雨的屋頂都沒有，無法像在大城市裡聽收音機播戰火新聞，只有小道消息口耳流傳。某日，刮起一陣怪風，傳來共產黨鄧小平部隊強渡黃河，開啟山東戰役，最後國府軍大敗、死傷慘重的消息。

「那兒距離徐州不就只半日光景！……」這群雜牌兵低頭私語，一傳二，二傳三，傳得人心惶惶，大家討論這是在挖戰溝還是扒墳坑？意義為何？……

徐州老家？徐州老家究竟有沒有被波及？老爸越想越後悔，

以前是在地方被喚做「五哥」的公子爺，有妻有兒，過得好好的。現只能在這湖北掘墳扒糞，又沒拿到半毛錢的賣命錢，心裡不免又恨又氣又懼又慌。一聲突兀的槍響劃破了寧靜夜，也打亂了這一班小兵的心緒，因為除了連長、排長參加過抗日有實戰經驗外，其餘十七八歲、二十歲的小哥，沒有人知道下一步該如何走？槍都沒正兒八經地摸過，練過；手上的寸鐵只有鐵耙，那一聲槍響如果是老共發的，大夥是該躲進村莊？還是上前用鐵耙子應戰啊？……

偵察兵快跑前來報告，一個排長後腦中彈，死在桂花姨婆屋外。

大家又亂七八糟地討論排長中彈的原因，有可能是共軍已經到達村莊，也有可能是他又去偷醃豬肉？不過，無論如何也不應該去偷全沒了牙又有眼疾的老姨婆。而對父親來說，心頭只被「徐州老家」這四個字緊緊的扣鎖著。

那一晚雖然加強巡邏，可夜深還沒到入更，到外頭解手的士兵一個又一個，有去無回，瞬間便都消失在黑夜中……老爸一看不對勁，當機立斷做了逃兵。

那時各鄉鎮、省界重要路口、水陸碼頭都有崗哨員警，只要能舉報逃兵就能領賞金。有這份賞金，就是裹小腳的老太婆都會毫不遲疑的告密檢舉。落單的男丁身穿軍衣，表明著「我是逃兵」，等於找死。於是逃亡的第一個晚上，父親就先在村莊上解決那軍外套。他翻牆侵入民宅，民家從睡夢中被驚醒，父親大喊了一聲抓賊，算准那民家老頭披著外套開門探究竟的瞬間，扔下他的軍大衣，搶了厚外套便往外跑，老頭則莫名其妙的收了一件軍大衣。卻不知道「好心人」在哪裡。

父親原先還擔心有狗叫引來村民包抄，但戰爭時期，兵荒馬

亂，人人自危，狗兒也學乖了，待在家裡槍炮子彈都有可能從天而降，誰管他屋外抓小偷呢。

於是父親自賣壯丁，又做了逃兵。

天下太平他離了家，戰火連綿時他卻要返家。怎麼來就怎麼回去，說是容易實是難。

服役了三個月沒拿到任何銀兩，父親只能在渡口幫忙挑煤卸貨換得機會，從武漢搭了便船，在一個無名的渡口跳下，開始了一路艱苦的行乞路程。雖然從駐地到徐州才幾百里，但那一段路卻讓他感覺怎麼也走不到，怎麼也走不到。餓肚子是家常便飯，也生過病，躲在破舊的公廁旁。那一段落難的日子在父親身上烙下印痕，左拇指的灰指甲和雙足的腳氣病，是我見過的最嚴重的香港腳，一直跟了他到終老，一直沒治癒。

當父親終於回到賀樓老家，已從幾個月前自賣壯丁的農家子弟，變成一身肌肉的成熟男人了。讓奶奶喜極而泣，問他怎麼吃了這麼多苦，身體倒結實了？父親答：當兵幹的活路比種地苦多了，也累多了！大娘許配來周家不到三年光景，拖著不到兩歲的兒子，父親不管不顧地賣了壯丁去當兵，讓她當了「活寡婦」，見父親狼狽回家，恨也不是，愛也不是，怨也不是，氣也不是。趕快燒火做飯，搜盡家裡的好糧食，做了一頓還說得過去的「團圓飯」。

那也是父親最後一次與父母妻兒吃團圓飯。

但是，「逃兵」在家裡也不得安生，既要躲村裡人去告密，更要防被國軍得知抓回去槍斃。萬般無奈，恰好有國軍的「軍校」招收新生，父親牙一咬，再次投軍當了兵。誰知這一次離譜更大了，讓他從茲走上不歸路，再也沒見到親生的父母和結髮的大娘……

　　我四、五歲左右，父親教我寫自己的名字，告訴我老家在江蘇，還有個大媽媽和大哥哥。

　　讀小學時，課本上寫著大陸人民身處在「水深火熱」之中，那時我常常在想，哪天有能力，一定要把大娘接過來同住，叫她一聲「大媽媽」。這可是我母親同意了的。尤其每回媽媽從工廠夜班回到家，還要操持繁重家務時，體力透支的她就會軟下心，念著「如果能把大媽媽接過來也不錯，讓我專心在外賺錢，大媽媽只管收拾張羅家內。」那時我也期望，如果有一天能見到我的這位大哥，我一定要安慰他、幫助他，讓他脫離「水深火熱」的苦境。

　　這個心願，一直到我長大成人都沒有改變。而到了真正見到我的大哥哥，特別是這些年幾番回大陸省親，才知道我們一峽之隔的血脈親人，彼此的「誤讀」有多麼深……

十二
幫爸爸發電報──報一聲平安

「爸爸，我們去放風箏呀……」

「爸爸，快一點，我先到外面等你喔。」

「爸爸，電報寫好了沒有？快點啦！……」

在我三歲時，父母決定搬離清泉崗眷村，舉家遷至豐原。這裡條件比原來好了，父親卻因任務需要急調新竹湖口駐防，害得我們全家頓時無法享受「爸爸天天回家吃晚餐」的幸福。

因此每次在爸爸休假回來後，每個孩子都死黏著爸爸，唱歌跳舞訴苦打小報告……所有小孩子的各種芝麻綠豆小屁事都要向爸爸一一報告。想邀寵，想要表揚，想和爸爸親親。

我五歲就會寫自己的名字，那是爸爸抓著我的小手一遍又一遍地重複教導。

「周賢君」最難寫的是中間的「賢」字，為了這個字我不知道忍受多少次折磨，因為寫名字寫對了、寫好了，爸爸會獎勵一塊糖果。你就不知道，五歲的小女孩多麼想吃那塊爸爸帶回來的糖果啊。吃糖果是爸爸對自己的最大「肯定」耶！

我寫字或畫畫的時候，陪伴在旁的爸爸也是在寫他的「鬼畫符」。我全都看不懂，但是爸爸會念給我聽，那樣的故事是我從小就重複聽、一直聽的老故事，我的爺爺是周家相，爸爸來自江

蘇省賀家樓，我有一個大哥名叫周夢月……

爸爸念給我聽的最後一句永遠都是「兒　雷子敬寄」。

小孩子對那個遙遠得比夢還遙遠的地方與人物，有著永遠的好奇心。更別說還是爸爸總在我面前念叨的啦。所以，我的問題也挺多：

「大媽媽叫什麼名字？」

「奶奶叫什麼名字？」

「賀樓是一座樓嗎？它有多高呀？」……

爸爸聽到這兒，總會慈祥地笑了，先告訴我，賀樓不是樓，是一個村莊，是爸爸的老家，也就是你的老家。然後會說：「舊社會。舊制度。鄉下女人家沒有名字。」

沒有名字？一個人會沒有名字？小小的我，怎麼也想不通這個問題？沒有名字的大媽媽和奶奶，我可怎麼記得她，認識她啊？……這個問題煩擾了我許多年呢。

「爸爸，那我叫什麼名字？」爸爸聽了，就笑，說：「爸爸的寶貝女兒叫賢君。周賢君。」

我便得意極了，因為，我有名字。我心裡便心滿意足。

許多爸爸寫的信及小孩子的塗鴉，最終下場都是讓媽媽拿去燃點柴火，做飯燒開水。直到有一天在幼稚園裡，神父修女教我們把「愛爸爸，愛媽媽，我愛耶穌」的畫掛在風箏上，我們拉住風箏線，把畫送到天上去了……我們這一幫子小朋友興奮得呀，心都咚咚地跳，好像我們也上了天一樣的美。如果能把「愛爸爸，愛媽媽，我愛耶穌」送達天庭，那是一種什麼樣的快樂啊。純真。無邪。愛。還有快樂。我們全都全心全意、樂此不疲一次又一次地做著這個把祝福送到天上的遊戲。為此，我記憶了一生。

從茲，放風箏對小小的我的意義變得非常重大……小女孩開始畫畫要送給夢月哥，小女孩開始畫畫要寄給爺爺，小女孩要畫畫寄給賀樓。她畫的是她的全家福，有爸爸、媽媽、弟弟、妹妹，當然還有她自己。她也畫畫給沒有名字的大媽媽及奶奶，大媽媽的頭髮應該是捲捲的跟媽媽一樣，奶奶的額頭上有三條皺紋，爺爺則拿著一根拐杖。

　　小女孩的想像能力在那個時期變得非常豐富，非常明亮，非常有色彩。

　　小女孩畫了許多許多畫，等著週末爸爸從部隊放假回家，她便急著催促爸爸趕緊來做一隻又大又會飛的風箏，目的是讓爸爸把這些畫送到天上去，寄到老家賀樓去，寄給那些她從來都沒有見過的親人們……

　　她告訴爸爸，那是她和爸爸發的「電報」。

　　放風箏成了那時的我最大的歡樂。許多次，我與爸爸一齊仰著頭、瞇著眼望向高空雲端一小點點的紙箏，那一個風箏是父女倆合作糊出來的「電報發射機」，風箏繫著所有思念的電文，我的畫，還有爸爸被我央求而寫給賀樓親人們的信。當棉線一斷，風箏高飛飄走時「電報」就發走了，我們心滿意足回家，那風箏還在我的心上飄呀飄……多想一直站在那看看已經看不見的風箏飛到了哪裡。可是家裡還有許多家事需要爸爸幫忙做，最重要的爸爸也帶著很燦爛的笑容，因為爸爸和我的「電報」發出去了。

　　上了小學，小女兒與爸爸不再玩那騙人的遊戲。風箏還是照放，但是是與同學或鄰居去比賽。風箏棉線改用尼龍線，任他強風豪雨都不會斷，風箏若斷了線，那天肯定要倒大霉了。「大女孩」這麼說。

　　國中高中課業壓力重，我已沒有多餘心思及體力去想放風

箏，但畢竟幼稚，並不理會老爸還在寫他的「鬼畫符」家書。那時也不懂、或是說沒看出老爸對故鄉的那份思念，慢慢已轉變成無言的失落。他在撕掉的日曆紙背面上寫下「父親周家相」、「江蘇賀家樓」這樣的字句，重複了一行又一行。那時以為他只無聊在打發時間，以為他怕惹媽媽生氣而故意跳過大媽媽的名字，察覺不出也感受不出父親思念家鄉是一種無法治癒的終生心病。「大女孩」以為老爸在臺灣已落地生根，養兒育女、衣食無缺，不會再多想其他。現在才懂得，我那時對事物的理解，都是表層的解讀，不知道父親的家書只剩「周家相」、「周夢月」、「賀家樓」九個字時，父親離家已三四十年；父親對家鄉的記憶漸成破碎，漸成片斷，漸成逗點。父親一生不能忘的就是「周家相」、「周夢月」、「賀家樓」這三個詞。這九個字他決不能忘。這也是他一直默默地寫家書的最後堅持。

　　二○○八年返鄉探親，當時父親剛去逝兩年，小姑姑告訴我，父親的乳名叫「雷子」，奶奶的名字叫「周李氏」。夢月哥早告訴我他的母親叫「周孟氏」，我當然也知道了過去早年間農村女人出嫁後便沒了名字，只能被冠上夫姓，再加上自己的原姓氏作為稱呼，就是什麼氏什麼氏的。但我已不再在意大媽媽及奶奶的名字了，聽到爸爸的乳名叫「雷子」時，心口隱隱作疼，時空倒轉而發暈，彷彿又回到很久很久以前，父親念他的「鬼畫符」給我聽的時候，最後總會有一句：「兒　雷子敬寄」。父親這一生，也沒能給他的父親、母親寄出這一句他最想寄出去的話……

　　是的。時空不能倒轉。何況，連爸爸也「走」了。去另一個世界去尋找他的爸爸、媽媽、我的爺爺、奶奶、還有我的大媽媽去了。

我的眼前又閃現了那個人事未省的小女孩，興高采烈催促著爸爸和她一起去放風箏。

　　那個還不會認字的小女孩早把爸爸的「兒　雷子敬寄」的小祕密放在她小小的心坎裡，小小心靈默默祈禱著，要跟爸爸去發電報向「周家相」、「賀家樓」報一聲闔家平安。

　　爸爸。爸爸。您可知道：多少次啊，當棉線一斷，風箏高飛飄走時，您的女兒已經多少次幫您把電報發走了啊！⋯⋯

　　我的淚，流了個滿腮滿臉，但我如何去擦哦？遠在天庭黃泉的爸爸，是否看見那遙遠的溫暖的疼痛的記憶——那個和您去放風箏發電報的小女兒，如今，也已是滿臉滄桑。

十三
回到原點的林叔叔

　　我還很小的時候，老爸就曾經教導過，年紀比他長的就叫「伯伯」，發音如同「北北」；年紀比他輕的就叫「叔叔」；而其他的長輩，你要是判斷不出年齡的，就都稱呼「北北」，這樣比較有禮貌。

　　老爸的教導我記了一輩子。

　　林叔叔大陸探親回台請吃飯。

　　這裡要多說一句：林叔叔是我老爸交情多年的戰友。他們的關係可不是一般，但林叔叔一直沒有在臺灣娶老婆，也就是一輩子都是個光棍。因為光棍，閒來無事，他和我老爸走得也比較近。至於長輩請吃飯，我當然從不缺席，再說自己一向愛聽大陸探親精彩傳奇的人情世故，只要我有空，長輩又不嫌棄，我一定是跟著長輩湊合上去聚餐。何況，我畢竟可以跑前跑後地「應差」耶。比起「北北」和「叔叔」來，我畢竟是小孩子麼。

　　吃飯地點從來都不變，總是選擇忠孝東路、復興南路口附近的那家湘菜餐廳，吃香，喝辣，也都是那一套，點菜不用菜單，愛吃的就是那幾道。招牌特色美食也不用再介紹，熟門熟路，特別方便，我就給「北北」、「叔叔」們做主了。

　　吃完飯後到我家去聊天，繼續拉呱嗑瓜子。這次林叔叔帶來

的伴手禮是黃山毛峰茶、雲南普洱茶及另一道叔叔用小塑膠袋裝著，放在他上衣口袋內，小心翼翼、神神祕祕地掏出，一般人說「看起來似黑芝麻的小東西」。對於此，我有不同的看法，塑膠內的東西若以顆粒大小來比喻，我覺得更像似罌粟花種子，這種種子沒有麻醉成分，在歐洲隨便的一家麵包店，只要是歐式麵包酥皮的表面灑滿裝飾用的黑色顆粒，那就是罌粟花種子。林叔叔的那一小包黑色顆粒不到一茶匙的量，真懷疑如何讓三個大人又解饞又解渴？看得出，他特別是小心那一小包。

毛峰茶葉被烘壓得扁扁的，當時根本沒聽過、沒看過、沒嚐過，且看到葉面上真的是有絲絲毛絨，我心裡也是毛毛的，林叔叔慷慨給了一大罐，與他口袋那一小包黑色顆粒茶對比真是太強烈。心想毛峰茶是高檔還低檔？葉片沖了熱水會不會掉毛毛啊？……趕快一沖，還好。還好。挺漂亮的綠顏色，挺香的清茶味道。好喝著呢。

另一包是雲南普洱。那幾年民間好流行收集普洱茶做商業投資呢，喝普洱茶養生，說普洱茶瘦身，談普洱茶修道……我雖然沒有真正見過，但耳聞的次數也不少了。眼前這一大塊的普洱茶雖然包裝很不OK，但林叔叔很有興致地介紹，圓盤狀叫茶餅，方塊狀叫茶磚，這是老茶，檔次高，得來不易等等等等……林叔叔原來就好吹牛，現在，帶了幾種茶葉來，那吹牛的「藝術水準」就更高了。嘿嘿，我才不管哪。燒水泡茶的是我，跑前閃後的也是我，我終於有機會喝普洱茶了，當時就先挑了一塊普洱茶磚來泡。不想，那普洱茶磚硬得像石頭塊兒，我什麼工具武器都搬出來，就為敲下一小塊、一小角來泡茶；不料，茶未敲下一塊，茶屑屑卻噴得到處都是，要收集，又都散落在地上；不收集，又看出叔叔眼神很有些不捨，覺得我在「浪費」呢……

更不料，泡出的茶湯顏色有如紹興老酒，泡出的茶也找不到葉片……我正有些訝異，我的老爸，老軍人，老士官長，講話實在有夠粗、又夠俗、太實在，「乖乖。這就是你吹的普洱茶啊？怎麼喝起來像馬尿？……」

林叔叔馬上翻了臉：「老哥哥，那你是喝過馬尿嘍？哪年喝的？我怎麼不知道？……你不懂茶麼。你只會喝白開水……來。來。賢君，你說這茶？……」

要命！心想這兩個老傢伙又槓起來了！我可不能火上澆油耶。

「良藥苦口」，不對，應該是「良茶澀口」，我趕快打圓場：「耶？喝普洱茶是不是要搭配甘菊花呀？可能是我茶葉放太多了吧？……我頭一次泡它耶……」不懂也要裝懂。我這話還真把兩位老人應付了過去。

他們應應呀呀地繼續喝了。我心裡卻犯了嘀咕：這就叫普洱茶？可能有點兒問題吧？可能是過期的發酵茶呢？

其實，林叔叔所以要我泡這多的茶葉品嚐，是林叔叔在大陸的朋友要擴大貿易，想在臺灣找合作的茶葉經銷商，所以，讓叔叔帶回來很多大陸茗茶，要叔叔幫忙打開這邊的經銷通道。林叔叔已講得天花亂墜……不管泡的毛峰很有「茶道」，也不管普洱不好喝、不對口，我馬上就改泡叔叔口袋中珍藏的貢品。林叔叔說了，這茶，早期只有皇帝才喝得到，即使是富可敵國的商賈，有錢買得到貢品，喝了也要殺頭！

這可了得！被林叔叔這樣一講，還真的必需要試試。再澀，再苦，我都不怕。要知道那是「貢品」，少不更事的我根本沒見過。叔叔那裡一共也才一小茶匙大約兩、三克重呢。熱水不夠燙，馬上再回燒加熱；茶具怕串味，我立刻重新洗過。好奇的我只有一個心思：一定要嚐嚐這被林叔叔說得這麼「偉大」的貢品

茶。我那老爸懷疑的眼神卻充滿了不信任，但他也沒拒絕，嘴巴嗚著，眼睛碌碌看著，他可能也被這林叔叔吆喝的「貢品茶」給唬住了。

泡茶步驟都依叔叔的指示，水不用太多，東西也才一點點，不好意思說，家裡並沒有專業的老人茶具組，在叔叔的認可下，我們就用吃米飯的瓷碗來喝貢品茶，因為先前的茶杯就是都洗過了，林叔叔也不認可──這是「貢品茶」耶！要體味它的真味道！──好吧。好吧。改用潔白的瓷飯碗，總不會串味了吧。當然分配的貢品茶不是一人一碗，而是三人共喝一碗，有點不衛生啦。還好。一個自己的爸爸，一個認識了一輩子的叔叔。再說，不就是嚐一點「貢品茶」麼，只嚐一口，知道是什麼味道不就得了嗎？……

只嚐了一口，還沒下嚥，林叔叔就忙忙地問──

「有沒有甘甜潤口、香甜蜜韻、唇齒留香？」

「喉頭有沒有厚滑綿柔，充實飽滿的感覺？」

「我說這是好東西，它就是好東西。貢品茶耶！……」

哇！我那沒讀幾年書的林叔叔突然滿口品茗經綸。真的是從大陸茶商朋友那兒學到不少茶經呢。我卻不擔心。林叔叔不是向我招商，他也知道我的工作好好的，不可能去碰大陸茶葉代理，叔叔只是要與我們分享他這次在大陸的見聞與收穫。聽叔叔說，那一碗茶，「貢品茶」，僅僅這一碗，價值五百塊人民幣。這是一九九五年的事情，當時我在徐州的夢月哥哥要拉三個月的磚塊，才能賺得到那一碗茶的茶錢，嚇不嚇人？這是喝了要砍頭的「小龍珠茶」耶。

後來我才知道，小龍珠茶，是普洱茶蟲的排泄物。不知那普洱茶蟲有多麼大？它又如何能夠排泄出皇帝老子才能夠喝的「貢

品茶」？這世界，讓人糊塗。

　　那天叔叔走後，爸爸大罵一堆不堪入耳的話。說林叔叔去了大陸，讓茶商「洗了腦」，到臺灣來賣這麼貴的茶葉，有幾個會買？再說，真有錢買的人家，會找他這個窮當兵的買嗎？……但是後來誰要提到這種「小龍珠茶」，我老爸卻又驕傲地說，知道的。早就嚐過了。唇齒留香、甘甜潤口，確實是「貢品」啊！……

　　這就是我老爸。呵呵。

　　卻不想，從此林叔叔消失了三年。

　　直到大陸有人來電話找人，找到我家裡來。弄得我一頭霧水，這才知道：林叔叔的人生因為開放探親後來了一個大轉彎，雖然順利回到家鄉與失散的兄弟相聚，但因多年的隔閡，互信基礎不夠，兄弟感情產生矛盾。一九九五年那幾年，在臺灣、在香港、在美國華人世界，都掀起一股大熱潮，海外華人鼓動回歸大陸及回饋鄉里最好的方式，就是回家鄉建學校、辦教育。在香港及臺灣都有各種形式的財團法人說明會或基金會做公益宣導，介紹了一個偉大的專案也就是「希望工程」，以文教建設來貢獻中國，好像是二十萬人民幣為一個單位，在中國設立「希望小學」。

　　林叔叔真的這麼做了，他回家鄉建學校、辦教育，離鄉四十載，返鄉衣錦榮歸，在自己的家鄉設立學校回饋鄉里，這是多麼光榮的大事情。沒有什麼比在自己家鄉辦學校更值得驕傲，沒有什麼比在自己家鄉辦學校更能光宗耀祖。我相信這是他的夢想，更相信這是他的願望。這可要比賣茶葉偉大得多了，光榮得多了。教育是百年大計、千秋大業的神聖使命！當年，這樣的宣傳手冊我也曾收到過，也讓我有些激動。可是，我心有餘而力不

足耶，沒有能力參加這偉大的「希望工程」。林叔叔則不同，也許叔叔吃過這一生沒受過教育、沒有文化的苦，更覺得決定改善自己家鄉子孫的教育環境、提供村民孩童教育機會，「捨我其誰？」

叔叔賣掉臺灣的房子，跑去大陸家鄉搞教育，做「希望工程」。一個「捨我其誰」的使命感就做了三年！三年……他的房子，他的積蓄，他的榮民津貼哦。

據說，叔叔在大陸也交到了女朋友。那當然是叔叔要在大陸置產業的。哪有女人願意跟著沒有安全保障的臺灣老頭子過日子？女人嘛，個個精明能幹，很會計算，細節不用再說了，再說我也不太知道。但是，一個願打，一個願挨。這是肯定的。不能怪人家。

三年不到，叔叔的「教育工程」垮了，後來發現，他在大陸置下的房產姓名也不是他？竟然是他的那個女朋友！臺胞在大陸養女人的生活費，豈是臺灣政府每月給付的榮民津貼，區區才三千塊人民幣應付得來的？茶商肯定是沒做成，「偉大的心願與抱負」也不了了之，而和大陸女人的那遲到的「愛情」也沒有扎根落地開花……總之，林叔叔是再也瀟灑不起來了，他真是人財兩失，一乾二淨，只剩下榮民證一張，老命一條。

於是：壯士斷腕，兩袖清風，落魄回台，決心長居，從此不再回大陸。

我代父親接了大陸的電話，電話那頭，林叔叔的女友好話說盡，哀求連連，希望我們勸勸林叔叔並轉達：「承諾的婚姻希望執行」，「希望林先生趕快回大陸來與我結婚」，「我知道林先生行動不便需要人照顧。我願意盡一切努力悉心照顧……」幾通電話對話，父親才漸漸清楚這幾年林叔叔消失之後一直在幹嘛？

……

老爸撂下電話非常生氣——

「唉！這個林小子！錢都被榨乾了，還弄得一身病。」

「自己都沒認識幾個大字，還去搞什麼教育？你是那塊材料嗎？……」

「沒那個屁股，你吃什麼瀉藥啊！……」

老爸更為林叔叔的落魄，躲起不見面而生氣，很生氣。更糟糕的是，那個什麼什麼的希望小學，教室還沒蓋好，整個「教育工程」就告吹，弄得林叔叔當冤大頭無顏見江東父老，與家鄉兄弟又撕破了臉有家歸不得。成了笑話一場。

兩岸隔絕，等了四十年。為了一個夢想，為了還願，而付諸行動。付諸行動而弄得自己兩手空空，再回到生活的原點。就如一九四九年他是口袋空空的小夥子來台，五十年後的一九九九年他是口袋空空的老頭子再一次回台。

「既然那邊都置產了，你也就算是有了家麼……就回去結婚吧。」老爸在電話裡對叔叔勸說，「好歹，也算有個伴可以照顧你。」

「你根本不知道，」叔叔在電話裡起了高聲，「她哪裡是結婚？她是逼上梁山婚。那個女人的目的是要來臺灣定居。」

「在大陸，來臺灣，不都一樣的嘛？」

「我這裡什麼都沒有，怎麼和她定居？」

從此，林叔叔對他曾經從大陸帶回的「小龍珠茶」與去開創的「希望小學」等軼事三緘其口，諱莫如深。後來在榮民總醫院開刀，更換了人工膝蓋，走路一瘸一瘸的了。但就是一瘸一瘸地住進療養院，卻也不願再與我們見面，不願意讓我們去看他了。

叔叔不是躲我們，叔叔是躲「她」。

十四
被清潔工伯伯罵「你多事！」

　　大學畢業後，我在臺北東區萬象大樓住了十二年。

　　萬象大樓建於一九六〇年代，因為前衛設計超越時代三十年不為居民所接受，最終變成失敗的建築案，因此我這個窮學生得以以低價租到一個物超所值的大公寓，在五光十色、生活便利的東區一直住到結婚移民才搬走。

　　萬象大樓地上樓有十二樓層，包含三個樓層的辦公樓層、二個樓層的空中停車場、七個樓層的公寓住宅。大樓有四個出入口，附設四部電梯，商辦樓層有日本料理餐廳、電影院、KTV、桑拿三溫暖等。萬象大樓是一個環狀大樓，中間中空為中庭，中庭有一個大型水池卻完全沒養魚。光是一樓對外營業店面就大約有二十家，但他們多半是苦撐經營，芝麻小的店面，營業額當然也就如土豆一般小。其實，商店經營類別都與我們的生活息息相關，其中有二家自助餐廳，二家快炒店，三家麵食攤，藥房，開鎖，花店，刻印章，早餐店，文具店，乾洗店，二手相機店等，卻不知道它們為何不興隆、不繁榮。

　　萬象大樓也有一層鬼樓層是在地下樓，那兒原先設計為傳統菜市場，攤位約有五十個，還有為供應卸貨或來買菜的顧客專用摩托車的停車區。結果這整個樓層空無一人，堆滿亂七八糟的雜物，當初投資購買攤位產權的人，真是抱到一個空包彈欲哭又無

淚，賣不掉，留著還要繳地價稅，捐贈給社團辦活動還被產權退還，變成是附近鄰居聊天嘲弄的笑料。

在我住進萬象大樓的頭兩年，大樓進出治安都沒問題，自從搬進來一位藝術家後便開始改變。這位藝術家利用大樓中庭廢棄水池創作一些獨特藝術，那些藝術上了報紙新聞很多次，因此該藝術家稍有名氣。重點是他很有愛心地收養流浪狗，這些流浪狗們又口耳相傳，從三隻慢慢變成三、四十隻了……藝術家主動上門收集附近幾家餐廳當日剩餘的菜肴來養狗，因此每隻狗都養得肥肥的又精神飽滿。但他收養的那些跟著他的「忠狗們」在普通老百姓眼裡是有皮膚病的癩皮狗；是亂吠亂叫的瘋狗；是趴在角落裡動也不動、搞不清是死是活的老狗……還有些母狗又一窩一窩一直在生，再加上外地「狗親戚」來投靠、來落戶，使得野狗數量直線上升。

大樓中庭被霸佔倒沒人介意，但是大樓內養了幾十條野狗，造成大樓住戶幾百人出入不便，野狗大便臭氣熏天，狂吠攪夜，人人不安就有些過分了。直到有一天野狗咬傷人，住戶實在是忍無可忍，提出驅狗提案。我也簽了名，贊成抓狗控制數量。但當真正目睹環保局野狗大隊的抓狗過程，則讓我突然生出諸多的於心不忍，很多天都忘不了那些野狗哀號、無助、求救的眼神，似乎他們知道終會被安樂死而忿怒地狠狠瞪著我：「人啊！你給我記著！……」這樣的怨恨情結好多天都在我的眼前、夢裡攪動翻騰。有種似曾相識的疑惑，又無解地讓人唏噓不已。……萬事萬物，皆有聖靈，狗也如此吧。

但萬象大樓居民忍耐了四、五年的野狗困擾，終於得到解決，大樓居民無不拍手稱快。

萬象大樓有左右護龍綠地，綠地裡雜草叢生，樹木亂長。該區土地雖規劃為公園綠地，但臺北市政府公園管理處卻沒有編制經費，也並不派專人打掃管理這兩塊綠地，造成草叢被丟滿香煙飲料、瓶罐垃圾，再加上當時還有野狗問題，所以路人都要繞過綠地去辦他們的事情，譬如買便當，停車或托兒所接小孩等等……

　　有一位老伯常會坐在綠地樹陰下喝酒，那是他長久佔據的地盤，因為他不怕狗。反正大家與老伯及狗從來都保持距離，並沒有誰來關心過老伯和那些野狗。只是有時候，會看見老伯手執一根木棍子，趕得野狗到處亂跑。野狗屬於那個藝術家的，老伯趕狗便也成為了一種「行為藝術」。後來才知道，野狗隨地製造的狗大便，老伯也氣到火冒三丈、鼻孔噴火，野狗們惹惱了老伯，老伯便拿著棍子追著狗跑！……

　　這真是一道「非常獨特」的大樓風景啊。

　　剛剛承租萬象大樓的公寓時，前面的房客留下一些破舊家具，房東要我自行處理。

　　因此在我搬進新居前開始著手粉刷時，便面臨處理掉那些舊家具的難題。處理家具本身倒好說，每週三臺北市垃圾車會來回收大型垃圾或廢棄家具。難題是需要把這些大宗家具放到垃圾車指定的地點去。我除了幾張折疊椅子、小櫃子還搬得動，兩張沙發、彈簧床及一部非常髒的舊冰箱就需要找人幫忙抬出去了。

　　房東提示我：實在不行，你可以找大樓的清潔工。我問是哪位？房東不屑地說：趕狗的麼。狗大便總要他處理，他恨死了那些野狗的。我恍然大悟：怪不得常常見到這位老伯和野狗作戰呢。

　　我提出請老伯幫忙時，他非常爽快，一句客套話也沒講就來

幫我處理那些笨重的舊家具。

　　我們兩人合作抬到樓下去丟給垃圾車，邊抬邊也說說話，這才知道，他也是一位老兵！現在就他一位榮民老伯伯，在這大樓裡打雜當一名清潔工。用他的話來說，掙幾壺酒錢。莫看他年紀不小了，卻不惜力。幫我一件件地丟廢物，直忙出了滿頭大汗。想想他孤身一人，真不容易，在幫我搞定那幾件大型家具後，我便拿出三百塊台幣給他。

　　他怒了，瞪大眼睛看著我說：「你多事！」

　　我趕快硬塞給他，說：「給伯伯喝涼水。給老鄉伯伯喝涼水耶！」便逃也似地跑了。因為他幫了我大忙，況且我們都是老鄉，不過他哪裡人我當時沒來得及問，我也是外省老兵子女，所以我們都是老鄉。

　　沒有幾天後，我就後悔硬給伯伯那三百塊新台幣了。

　　萬象大樓有兩個逃生樓梯間，每個樓層住戶的垃圾都丟到樓梯間，再由清潔工伯伯整理清運掉。我碰見伯伯的機會也就驟然增多。因為垃圾量多，伯伯清潔打掃的時間也就拖得很長，三五不時的我去丟垃圾的時候就會遇見伯伯。他幫過我的忙，又說過一些話，我總是想笑臉相迎，卻回回是遇到他的冷臉子。他老是板著臉瞪我，似乎是在罵我「你給我三百塊，你當老子是乞丐耶！……」雖然他沒有真說出口，但我能夠感覺到他牴觸我的情緒。我自己想他的那意思是：我好意幫你，你卻硬塞一點小錢給我？你既然瞧不起我，我理你做甚？……我心裡便一直慚愧。摸清楚他負責東區樓梯間垃圾，為了不想碰到他，我就把垃圾丟到西區。同時我也避免黃昏時去倒垃圾，常常一大早外出買早餐就順便丟垃圾。

　　但要完全不碰見伯伯實在是很難，大樓公共區域打掃、樓層

通道拖地打蠟、中庭廣場或支柱角落狗大便清除……伯伯隨時都可能出現，他從來見到我不是笑臉相迎，而是板著臭臉似乎要罵人，弄得我極尷尬。

搬進萬象大樓半年後，確定短期不會再搬離，我認真考慮安裝有線電視的問題。雖然付一筆費用能看五十個頻道的電視節目，反過來想我這薪水很低的「單身貴族」一個人使用實在是很浪費。可是好不容易大學畢業，下班後不用再啃書本了，又沒有男朋友可以牽手殺時間，沒電視看實在是很痛苦，所以決定安上有線電視解決打發那些孤獨時光。

一個豔陽天的下午，我與有線電視電纜接線員一起到大樓頂樓，看看如何安裝我的電視頻道。

這是我第一次到大樓頂樓。這裡又是另一番天地：上面有水塔、逃生口、行動電話基地台，密密麻麻的電視線與轉接頭，以及搞不清楚還有沒有人用的一兩百支無線電視天線……頂樓還有一個破舊的違章建築，看起來像是一個戰地碉堡，為了防風擋雨，似乎是每來一次颱風，屋主就多加一層塑膠板或鐵皮，累積起來有十多層的遮雨板，屋頂上又以磚塊、大石頭壓著，避免屋頂受颱風刮掉。

我正詫異誰會住在這等地方，突然，清潔工伯伯手拿菜刀從違章建築內沖出來大聲吆喝，如同我們是「來者非善」、「私闖禁地」！氣氛就是那麼緊張。伯伯喝了一點酒，紅光滿面，兩手還微微顫抖。但是，瞬間他似乎也認出我是那位「三百塊小老鄉」，於是收回怒氣，眉頭一蹙又進屋繼續喝酒去了。我這才知道：原來伯伯住在頂樓，難怪一天到晚要碰見他。

大約是一九九三年吧，臺北已是一個國際化城市，市民有

感空氣污染嚴重及居民需要戶外休閒空間。社區辦公室統籌一筆經費，把萬象大樓左右兩塊醜陋的綠地護龍重新規劃建設，有涼亭、花圃、石板凳、兒童遊樂場、鵝卵石腳底按摩步道及幾個區塊空曠地。有社團來教居民跳交際舞，早起的老人在這裡打太極拳。最重要的是花圃裡埋有水管管線，天天有人來澆花澆水維持環境。兩塊綠地環境花草樹木的照料，都是附近居民自告奮勇認養的工作，而且變成是一種競爭活動。我也認養了一小塊花圃，社區辦公室為我們提供季節性花卉。有一次遇到颱風淹水，綠地、低矮景觀、包括我認養的小花圃也全部泡湯。社區經費有限，大家都是自行掏腰包買花苗再把花圃整理好。我因為當時比較窮又比較懶惰，認養的資格就從此被無情剔除。

其實，那兩塊綠地實在是帶給居民很大的快樂。我常常買一個排骨便當或蝦卷便當，坐在涼亭石板椅上吃著我的晚餐，隨意看路人的風景或被路人看作風景，心情無比舒暢。

原先清潔工伯伯喝酒常蹲的角落，也被改建成兒童遊樂場，成了孩子們的天下。

一天下午下班回來，遠遠的看到伯伯喝著悶酒，僵坐在遊樂場石板凳上。這造成了幼童害怕不敢到遊樂場玩，家長們只好報案請員警前來處理。兩位身材壯碩警員好言相勸，勸不動伯伯，兩人硬是合作把伯伯架走了，幸好不是押入警車而是把他架回去他的克難老窩──頂樓的違章建築裡去了。

伯伯被員警架走的過程我都看在眼裡、痛在心上，架走的畫面讓我聯想到捕狗大隊捕捉野狗的過程，還有那些哀狗眼中的憂懼神情。我不知道伯伯喝酒影響鄰居，被人舉報過多少次？⋯⋯但是從那次以後我才恍然大悟，每當大樓垃圾堆積如山沒人即時清運時，就是因為伯伯喝酒曠工睡大覺去了。後來伯伯喝酒換了

地兒，換到綠地另一頭黃昏市場的一個熱鬧角落，那裡人來人往，買菜、賣水果叫賣聲不斷。

其實伯伯只是孤單，想看看人，喝點酒解解悶。

想想伯伯這樣喝酒會傷了身子，有一次，我鼓起勇氣走向伯伯，跟他打了聲招呼：「伯伯您少喝點。這樣喝酒要傷身子的……」

哪知道伯伯仄起身子，一臉怒氣地罵我：「就是你願意多事。你哪裡知道老子喝酒有多麼痛快！……」

我一片好心卻挨了一頓罵，晚上打電話跟我老爸傾訴此事，誰知又被老爸訓了一頓：「他一個老兵無親無故，除了那點兒津貼，再加上搞點兒清潔賺個酒錢。他還能做什麼？他還要做什麼？你個小孩子芽芽懂什麼？他說你多事，我看你就是多事！……」

罵完我，老爸就掛了我電話。

我舉著話筒愣在那裡，想啊想啊也想不明白。我不懂我老爸的罵，更不懂這清潔工伯伯的罵，他們為什麼罵我「多事」？

十五
寄不出的照片

父親和姨丈年輕時期的照片

　　姨丈交給我的相簿我翻過好多次。這三張都是二〇一三年四月才找到的照片——

民國三十八（一九四九）年八月十二日，彰化

　　這是父親抵台時的第一張照片，最左邊蹲者為父親周昇雷。中排緊挨父親的是姨丈朱庚戌先生，後排最右面是姨丈謝玉春先生。一張照片，定格了青春與眷戀，也凝固了風雲與時間。轉瞬間，便是失落六十四年。

照片中的人物最右邊為我的父親周昇雷，中間那位就是後來變成我姨丈的謝玉春先生，兩位長輩當時大約二十五歲，都年輕俊挺，氣宇軒昂，身穿軍服英姿豪邁。

　　這張照片拍攝於民國四十二年台中大雅，時間推算正是古寧頭戰役（金門戰役）後第二連弟兄駐防金門回到大雅清泉崗基地所拍攝的照片，看著父親及姨丈臉上露出的笑容，能想像他們剛完成駐防金門，建設金門的艱辛任務，在稍作喘氣時拍照留念。

　　翻閱相簿的第二頁，姨丈一張大頭照備註的一行小字吸引我的注意：「最痛苦時期。」那張照片姨丈約三十！三十歲不是人生充滿希望、做事積極奮發、動力無窮的年紀嗎？何來在相簿內特別備註「最痛苦時期」呢？……姨丈搖搖頭，喃喃苦笑：「你們，不會懂的……你們不會懂的」，姨丈又補充了一句：「還有其他人鬧自殺啊……」

　　自殺？我是不懂。

後排左二為父親周昇雷，右三為姨丈謝玉春。

　　我是不大懂。但或許我能夠想像吧……幾十萬來自天南海北的大軍，曾經為了祖國的存亡與家鄉的守望，在東亞、南亞戰場浴血奮戰，而今卻龜縮在臺灣島內的一個彈丸營帳裡。離別了家鄉，離別了父母，離別了妻兒，整天緊繃發條備戰，日夜執槍操練，只為能有一天，打回自己的家鄉去？殺回自己的故土去？……他們煩了，他們躁了，他們受不了了！十幾二十個年頭，老是同樣的訓誡，同樣的面孔，同樣的患難兄弟，同樣的一鍋圍爐飯……一旦有黃湯下肚，一個個就是想醉……就任他、讓他醉……醉了，才好晃到營舍外的空地，對著大樹嘔吐，對著夜星痛哭……

　　民國四十二年後，姨丈相簿內不再有帶有容光煥發、英勇衛國的照片了。也許他們似乎漸漸明白：他們回家的希望越發渺茫了，他們可能寄信的地址愈來愈模糊了。國家與家國，沒有國便沒有家，那沒有家又何來國呢？……他們無法向老父老母訴說在海這邊的孤寂，很多很多的「他們」在海峽的那一邊還有妻子兒

女望著江海盼著天，他們多想寄這些照片回去報個平安啊……然而，他們沒法子寄！

真的。相簿內沒出現民國四十二年後的合照了……沒有精神依託的人生，何須留念？沒有奮鬥結果的青春，何須志存？

他們真的很痛苦。

坦克車上方的小夥子

我的姨丈朱庚戌（左）一八歲時舊照

站在坦克車上方左邊的年輕小夥子為榮民朱庚戌先生，從軍時才十八歲，民國十九年（一九三〇年）生，原籍安徽碭山。在少年時已訂有婚約，國共內戰期間在鄉下謀生困難，十五歲時來到徐州省立醫院當工友打雜，得知徐州裝甲兵學校徵兵，於民國三十七年初進入徐州裝甲兵學校短期在無錫受訓，隨著排長宋士魁及弟兄三十人，於民國三十七年十二月二十六日搭乘「中鼎號」軍艦稀里糊塗抵達臺灣基隆港。

他們當時被通知是「來台出任務」。但是，這些裝甲兵弟兄不知道，僅僅一個月之後，徐蚌會戰國軍便兵敗如山倒。緊接著就是「江山失守」，繼而連國府也遷台。而該梯次裝甲兵兄弟來台，真實的任務是保衛故宮國寶，壓運重裝備武器到臺灣的一次祕密行動。更是誰也沒料到此趟執行的特殊任務，讓他們來台後就立即進入台海兩岸四十年的敵對隔絕。而離開上海前，都沒給家鄉的親友一個交代、一個留言或是一個消息。

朱庚戌先生與我的父親周昇雷同時期進入徐州裝甲兵學校，當時因為個子小，身手矯健，動作機靈敏捷，擔任坦克車機槍手。當他站在坦克車上外號叫「神槍手」，當他換下軍服與弟兄打混時，外號又叫「小毛猴」，可見他當時是很靈敏多智的。

民國四十八年朱庚戌先生退伍娶了我的親姨王愛女士，後又轉業服務于「豐原消防隊」，成為一個消防隊員，救過無數次的大火，也挽救了許多家庭的財產及性命。

此時期的朱庚戌先生——我姨丈——不再是一個瘦小的小毛猴，在我記憶中姨丈曾經因救火任務而燒燙傷，脫掉上衣讓姨媽來換藥，我姨丈古銅的健康膚色，胸膛扎實的肌肉，加上腹肌六塊，那時在我眼中，姨丈可真正是男人中的男人。他也經常為此自豪。他認為他自己的「神槍手」功夫竟沒有用在殺戮人的戰場上，而用在作孽人類的火場上，是上天的厚待！他不必像其他老兵一樣，背負深重的罪孽及無法救贖的悔責感。

姨丈五十五歲時不再能擔任英勇滅火員了，他轉任台中縣政府兵役課上班。

有一則小趣事我記得很清楚，在去縣政府上下班的途中，姨丈因闖紅燈而被攔下，前兩次馬馬虎虎就不吃罰單了——員警隊員消防隊員都是隔壁兄弟嘛——但第三次我姨主動要求：「你

們就好好的開一筆重重的罰款吧。人不失了錢他就記不住呢！……」於是，員警兄弟笑著給我姨丈開了闖紅燈罰單，新臺幣一千兩百元。

結果，他那個闖紅燈的壞習慣就這麼改掉了。

一張孿生照

一九四九年元旦日，剛剛退守臺灣的國軍士兵朱庚戌

這是一張唯一寄出去過、但照片主人卻永遠不希望寄出去的照片。

照片上的小夥子來臺灣之前在上海已經一個多月沒洗澡了，

加上在海上的風浪顛簸，到臺灣後，早已滿身穢臭，疲憊不堪。當得知可以在元旦日洗澡後，小夥子興奮異常。洗過澡後便立即拍攝了這張照片——並美滋滋地寫上「到臺灣一遊」——「到臺灣一遊」？那時小夥子想著不久就能回家呢……

從照片上看小夥子持械姿勢到位，彷彿還牢牢恪記國軍敗退臺灣之後，「枕戈待旦，械不離手」的上級指令；皮靴、鋼盔、槍械也擦拭得錚光油亮，一塵不染，似是寄託著國軍「反攻大陸、重振雄風」的宏偉夢想，但再瞅瞅他那一臉的稚氣，那一臉的無辜，那一臉憨憨的表情，彷彿是對以上兩者的一種無聲的抗訴。要是再深入瞭解，發現這等國軍「精銳神槍手」竟然只在後來消防大隊開過「水槍」，真是懷疑這是不是上天對國軍「復國夢想」的故意嘲諷。

這張曾寄回大陸老家報平安的照片，在二十年後，使「它」主人的父母在文革期間受到牽連，造成兩老被批鬥雙亡！——作為一張照片，「它」怎麼也不會想到，自己竟能夠產生如此大的「負能量」？

照片裡的小夥子是我姨丈朱庚戌先生，現在看到的這張則是它的「孿生照」。

當姨丈把這珍貴的照相簿交給我的時候。已是八十四歲手杵拐杖碎步走路及手持放大鏡逐字閱讀書報雜誌的老人了，要問他少年從軍英勇的故事已是越來越難。但若問他這些照片是否寄回過大陸？他卻激憤地說：「若是寄回去了，哪有你可以看到的機會！……」

我知道我又問了一個愚蠢的問題。

是的。這些照片一張也沒寄回大陸的老家。

而臺灣的老兵們……卻已凋零。

十六
老爸老媽的婚緣

　　當《老爸老媽的婚緣》這一篇初稿完成，我就先行讓我的中國鄰居試讀，她是一位受了高等教育嫁來丹麥多年的東北女孩，古道熱腸。

　　讀完後她反問：「你爸爸是部隊高官嗎？……不然怎麼可以在軍營裡成婚禮？……」

　　我錯愕極了。我以為我所有的讀者都瞭解當時外省阿兵哥窮得買不起一條內褲，哪有辦法去餐館或酒店舉辦一場盛大婚禮。而鄰居女友卻讀成我老爸是個「高官」了呢……錯愕之後，我卻笑了。是的。生活就是這樣，稍有一些歷史差別，理解，就成了一件並不容易的事情了呢。

　　實際情形是一九六〇年前後老蔣總統與所有官兵已經知道反攻大陸無望，陸續產生私婚及情緒問題，因此國民政府在一九五九年解除軍人婚姻限制，制訂「戡亂時期陸海空軍軍人婚姻條例」以解決軍紀及安定軍心問題。

　　以下容我慢慢道來我父母結婚的過程——

　　話說那一年那一天她沒經家裡大人同意，自作主張就結婚了——她就是我的媽媽王甘。

　　王甘。一個乾脆簡單好寫的名字。這是不識字的文盲外公，請村子裡小有名氣的「地理仙」根據媽媽的生辰八字，排算出幾

組好名字，再讓外公挑一個給媽媽任名。外公便挑出筆劃最少，最易辨識「王甘」做了媽媽的名字。

不過媽媽的婚禮就沒人幫她預先排八字抓吉時挑日子了。也沒有按傳統禮俗的說親、相親、下聘、文定再結婚的步驟。簡單跟部隊營長喬好日子，媽媽就結婚了。因為她是要嫁給軍人，一個外省的軍人，一切都只能從簡。

但媽媽的婚禮很風光。台中清泉崗戰車營營長親自證婚，婚禮宴客席開幾十桌。除了饅頭大米飯是主食，配菜就有蔥花煎蛋、紅燒扣肉、清炒大白菜及青菜豆腐湯——其實，這三菜一湯本來就是全體官兵標準午餐。

為了這場婚禮，伙房還特地多加了兩道菜：其中「富貴吉祥糯米飯」灑有五花肉油蔥酥，外加紅棗稱花，預祝早生貴子，實際上這道吉祥糯米飯主要是讓弟兄們吃飽墊胃喝酒不傷身的。而另一道菜，那就真的是結婚喜宴應景佳餚——龍鳳雙拼。龍當然是指新郎，現代人一定馬上想到大龍蝦，但在五十年前，營長可是上臺一鞠躬驕傲地宣布「蒜蓉蝦子每個人都有一尾，不要搶」，全體就炸了鍋似地鼓掌……那個年代的蝦子，因為沒有使用藥劑都是瘦瘦小小的，蝦殼也是咀嚼稀爛就吞下肚。龍鳳雙拼的鳳指的是新娘，當時大廚準備的是紹興醉雞，這一味媽媽可就不懂了，因為這是一道外省菜。

婚禮舉行地點就在台中清泉崗戰車營大禮堂，排場不小，但場地佈置沒有紅毯沒有鮮花也沒有鞭炮，軍事基地禁鳴火燭，否則百姓會嚇一跳搶著躲防空洞。而應景紅色「囍」字不費分毛就貼了不少。禮堂佈置還有國父遺像、總統玉照，國旗及一大堆敬軍愛國的標語。喜宴酒水不外乎啤酒、米酒及高粱酒，不過也不是無限暢飲，國防經費可不敢明目張膽亂花在飲酒作樂上。就是

婚宴也不行。

那一場婚宴大家吃得是賓主盡歡，賓客是指全體官兵包括我老爸及嫁給他的新娘。主翁是指戰車營營長，如此說的原因是因為這一場婚禮餐費全部由部隊買單。

不過新郎新娘也無需太感激，那一餐只是部隊的例行中餐，有了新郎新娘演這一齣婚禮秀，營長不得不通令加酒加菜當個大好人。

再說舉辦這場婚禮的主翁我必須尊奉為裝甲兵營長的原因是因為新娘娘家沒有一個人到場。奇怪，我的媽媽當時是二十三歲的美少女，有著花樣的年齡，在沒有伴娘、沒有嫁妝，自己勇敢地走進好幾百個官兵的大禮堂，當然是有吹口哨的、有呼喊聲的、有色瞇瞇的、有敲鑼打鼓的……迎接她獨自走進這個大禮堂完成那個牽手一輩子的婚禮。

她好大膽子啊！

那一天是民國五十（一九六一）年三月十二日星期天，全體官兵休假一天。

婚宴上爸爸的西裝、媽媽的白紗禮服都是租借的。但是爸爸身上的白襯衫、領帶、西褲及媽媽身上的那一件旗袍，都是婚前事先在裁縫店量身訂做的。受美軍軍眷屬影響，也為了婚禮更光彩。

媽媽隨俗訂做一件連身女用塑身馬甲，也就是現代人說的塑身內衣，可以雕塑出魔鬼身材，挺出美胸，顯示小蠻腰，多餘贅肉都擠成肥臀來吸引眾人眼光的祕密戰袍，媽媽的那件特製內衣除了有很多排扣，還有二條堅韌無比拉繩，吸氣、豐胸、縮小腹、憋氣……堂堂爸爸大男人開戰車、卡車、吉普車的手可是很樂意幫媽媽拉緊那一件做丈夫的專利工作呢。

那一件緊身衣才穿了沒幾次就懷胎生小孩，媽媽偉大的身材就再也裝不下了，一件緊身馬甲、一件旗袍都是媽媽的結婚寶，留在家裡衣櫃二十年，有一次大掃除再也受不了，女兒自作主張就清到垃圾桶了。

為了迎娶媽媽共組小康家庭，婚後居住的愛巢當然要早早就打理好。

這個愛巢不到六坪大，也就是一共才十五平方米。距離清泉崗基地不遠，是老爸邀集弟兄幾個親手搭建完成的。

我所說的「愛巢」在當時臺灣人叫法是「兵仔寮」。

原先乃是豬仔寮改建後租給外省阿兵哥的客難小屋。一般都是木板、土磚塊加個簡易門板，牆面再以報紙糊一糊，一個下午時間就可搭建完成的。

小愛巢擺放一張床、一個行李箱，連個椅子都沒有。如有訪客就得站著說話。依現代人的觀點「這樣的條件也敢嫁他？……」

「媽媽你好偉大啊！……」

我就是在這豬仔寮出生的，難怪一輩子喜歡粉紅豬，嘰嘰嘰地叫，特可愛。

｜眷村「豬仔寮」小家的全家福

娘家沒人撥空參加婚禮。這也能理解，因為媽媽小時候父母早已雙亡，媽媽是托孤給三叔公三嬸婆來養大的，而三叔公三嬸婆反對這個婚禮。

　　三叔公說：「那些唐山來的沒路用啦！……」「不聽話？不聽話結了婚敢回來就打斷你的腿！……」

　　爸爸心裡有數，娘家總是要回的。娘家歸寧回門的伴手禮爸爸帶的可真不少，椪餅、香煙、高粱酒、臘肉等大包小包，希望能澆熄三叔公的怒氣。為了張羅這幾道伴手禮，爸爸做不起西裝，只好租一件來結婚嘍。

　　為免媽媽娘家面子給得太難堪，且聽說王家男丁真不少，個個年輕力壯、英勇剽悍，老爸決定帶幾個貼心的弟兄同行，並向營長借一輛吉普車以解決當時交通不方便的窘境。感謝營長通融，開吉普車護花陪媽媽回娘家，好讓鄉下人另眼相看我們的大陣仗。

　　萬事俱備，草草收場。

　　那一天的歸寧回門確是出了一點狀況，爸爸媽媽及弟兄們根本沒機會踩進王家大門。

　　那是一個早期閩式「古早厝」，三合院的正廳是祠堂，供奉王家歷代祖先神主牌，左右兩邊雙層護龍，三叔公就住在左邊大院，大門客廳反鎖，家中無大人，三叔公及我大舅、二舅、三舅、四舅、五舅都不在家，說好聽點兒是他們正好出門辦事情或上山去砍材或到田裡放耕下苗……

　　三合院中庭一般都是曬稻穀的廣場，我們稱為稻埕。

　　媽媽的奶奶我要叫「阿祖」及當時僅十五歲的小阿姨也就是三叔公的大女兒，正在稻埕忙著整理曝曬花生。那個手腳俐落跑得快的我的四舅當時是十歲的小毛頭鬼頭鬼腦頻頻來探班。相信

三叔公根本沒上山去砍材，王家古宅這麼大，他隨便來去待在那個院子喝茶聊天嗑瓜子搓花生就是不願回來，卻還又讓四舅回來探探班，看看有沒有什麼大小事情發生。

能怎麼辦？歸寧回門沒人遞茶水、沒人請抽煙，更不要說大熱天老遠一趟路，一頓飯什麼的也沒落著，倒是阿祖能接受，卻搞不清楚哪個阿兵哥是新郎？哪個阿兵哥是孫女婿？直拉著媽媽手腕窩心肝、頻掉淚，又是歹命，又是沒福氣，一大堆老人家的傷心往事。

最有趣的是跟著爸爸一夥兄弟連同老爸五個人，除了跟爸爸一起到臺灣的家鄉堂兄弟，本來就有義務有情義必須相挺之外，另外三人也在後來的幾年中陸續都成了王家的女婿。

每當王家有女初長成，裝甲兵團就要來大鬧王家一次。那幾年氣得我三叔公真不是個滋味。他就是不明白，怎麼他家和這個裝甲兵團的某營，就結成了吵不爛、打不斷的緣？怎麼他家的女兒個個都看上了「沒有路用的唐山人」？怎麼這個王甘一領頭，妹妹都嫁了這些丘八大爺？……

三叔公哪裡知道？他就是再固執，緣分哪是他一個老人家能掌握操控的嘛！……

有照片為證——
前兩年我把這張照片給他倆人看時，他倆人直呼「不可思議！」「不記得啦！」……
我這阿姨及姨丈的姻緣，上天安排了九年。兩人在我媽媽的歸寧日相遇，但是女孩還沒長大擦不出火花。卻不想「相逢自是緣」，九年的時間讓月下老人等得鬍子更白又更長，真的不是我三叔公可決定的。這照片中站著的四人，原先他們只是裝甲兵戰

照片中站在媽媽旁的是我的小阿姨，那時她十五歲，高高的個子卻有點傻不拉幾帶些純樸的模樣。九年後嫁給爸爸的裝甲兵弟兄謝玉春。那個原先我叫他叔叔後來改稱姨丈也就是四兄弟照片中最左邊的這一位。

車團的戰友，前後不到十年，都成了王家女婿，也就是左邊最高個兒的娶了我媽媽的堂妹；第二位是我爸爸；第三位娶了我媽媽唯一的親妹妹；最右邊個子最小的這一位阿兵哥娶了我媽媽的堂姐。

現在你可以想像王家三叔公氣得吹鬍子、瞪眼睛的模樣了吧？他越氣、越吹鬍子、越瞪眼，他家的女兒們就越都嫁了阿兵哥。

媽媽的回門禮雖是不風光，但是日前的婚禮及宴請，加上開著吉普車的回門，營長可是給足我老爸的面子啦！

三叔公不亮相，我媽媽可不吃這一套，有阿祖支持，媽媽儼然指揮官的架勢，發出命令——

「弟兄們，把稻埕曬的花生全打包，帶走，慰問連隊的弟兄！……」

雖然四舅飛奔快跑去報告消息，卻遲遲不見三叔公立馬回來。就這樣，媽媽帶走三大麻袋、起碼幾十斤的花生回部隊招待

弟兄們了。

　　本以為開吉普車回門訪親，萬一有人被打斷狗腿，要送醫急救需用這吉普車，卻變成不請自來、帶走三大麻袋花生的結局。

　　這就是我的爸爸媽媽結婚的故事。一個看似悲劇的喜劇。

十七
一九四九・大陸女孩臺灣兵

同學千交代、萬叮嚀，她媽媽的事「不可亂問，不可亂寫，不可亂登。」同學說：「你不知道，媽媽曾經出過事，受過調查耶。」同學再叮嚀、再囑咐我。

有了同學這般的叮嚀囑咐，於是，我決定：收集好的資料，擬好的稿子，屬於一九八七年以前的部分，管它是國家「機密大事」或是烏煙瘴氣政治烏龍全部刪除，一字不提，僅留下一個開場白：「一九四九・大陸女孩臺灣兵」。

一九四九，是中國歷史的一個大節點。一海之隔，兩地淒零。有多少不堪的故事，有多少妻離子散，有多少人間悲苦，有多少傷感傷情，都是從一九四九年開始……那六十萬大軍中有零零星星、不為人知、隱藏的四百位中國女孩臺灣兵，四十年後也統稱為「臺灣老兵」。不不，她們應該稱為「臺灣女老兵」。

「臺灣女老兵」，她的故事異于常人，知道她們故事的人也不多。我白目了三十多年，現在才去挖掘她的故事，似乎是有些晚。但是還原、追溯一個人的歷史不難，難在這還原的過程中，強迫當事人重新闖進過去的陰影或黑洞中，是一種殘忍的二度傷害。長輩通過她的女兒請求這故事不可發表，我能夠理解——既已走出歷史，不願再回顧，不願受打擾的心情我懂，但如果大家都不知道，永遠再不知道，這一九四九年的「結」，怎麼解？若

干年裡的苦痛，又如何告誡晚輩後來人呢？我希望在尊重當事人的前提下，拂去灰暗的底色，還原一段溫婉的美麗……

——我說的是「唐媽媽」。

唐媽媽是我大學同學的母親。大學期間，若是週末、假日不回豐原老家，我就會巴望同學辦家庭聚會，好讓我們有機會到她們家打牙祭，省下一頓「便當」錢。說是省錢，當時也不是窮得那麼狠，最主要是唐媽媽長得真的很漂亮，性情溫柔，和藹可親，身上有著淡淡的野薑花香味，她總是隨身隨手帶著一條小手絹，我曾有機會偷偷一聞那手絹，也是有淡淡的野薑花香，於是，我因此拜倒在那野薑花的幽香手絹之下，而不是唐媽媽的石榴裙下——因為唐媽媽從不穿石榴裙，唐媽媽穿的是女教官軍服、窄裙，端莊嚴肅得讓人玩笑都開不得。

換個角度來說，讓我更崇拜的是身上有著淡淡的野薑花香的美麗女教官。

那是一九八五年。

每次我們約好去唐媽媽家吃晚飯，唐媽媽會準備好水餃餡等我們來包餃子，也會預先冰好綠豆湯等我們來歡喜「牛飲」；唐媽媽會事先叮嚀我們，寫完作業才歡迎我們去她家玩；她也會訂好規矩，晚上九點前必須離開，因為唐伯伯就寢時間已到。而我們離開前，唐媽媽總是記得讓我們帶走一包鹵菜及水餃，那都是她早就準備好了的。她還會交代如果衣褲破了需要縫補，就拿來家裡絕對不要客氣。

唐媽媽說：「千萬別隨手就扔了。那可是浪費……」

唐媽媽對我們真的很好。我那時才二十幾歲，涉世不深，只覺得唐媽媽太好了。又漂亮，又善良，又帶著淡淡的野薑花香，對我們呵護照顧，無微不致。那時，我膚淺地以為她的職業是女

教官，對學生當然是有她的一套相處模式，她只不過把我當窮學生救濟罷了。

說得好聽，是那時太純真；現在想來，就是「呆頭鵝一個」。

一九八九年從中興大學企管系畢業，雖然不再是學生，但我還是常去唐媽媽、唐伯伯家探探。我們的聊天話題不再是學業考試、前程規劃、謀職技能等等……話題變成那時臺灣最時尚、最流行的「探親」、搭飛機、大陸旅遊注意事項、老家親人生活條件的優劣等等等等了。我第一次大陸探親二十天的行程、細節，唐媽媽都一遍又一遍，不厭其煩地反覆要求我再說一遍。感覺這時候的唐媽媽對我比我讀大學時還要親切、還要好。每次去唐媽媽家，我的回大陸探親都是和唐媽媽聊天的主要話題。

說實話，一九八九年九月的返鄉探親細節我自己都交代得快不耐煩了，唐媽媽卻不厭百聽，不煩百問。這時候才知道，唐媽媽和我是江蘇老鄉呢。怪不得唐媽媽對我的探親活動那麼有興致，那麼願意聽。後來一九九二年我又準備探親，唐媽媽也關心至極，沒有她想不到的，沒有她不想幫助的。真是又忙乎又擔心。她原想托我帶些東西給她南京的親友，卻又躊躇不定、猶豫不決。原來，唐媽媽在南京還有兩個哥哥和其他親友，因礙於她自己的軍職人員身分，卻無法返鄉探親。我知道了，便傻呼呼的亂講：「軍訓教官也沒涉及國家機密耶！……」

唐媽媽卻苦笑著搖了搖頭，說：「你沒當過兵，你不懂的。」想想這可是真的。那時我才二十多歲，真的搞不懂軍訓教官所屬單位，是教育部管轄呢？還是由國防部管轄？

「那唐媽媽？你不想回大陸南京去看看呀？」

「怎麼不想？做夢都想，現在天天看電視報導老兵返鄉探

親，我心裡急耶……」

「趁過年假期再多湊幾天私人假，不就可以返大陸探親了嗎？您快去快回唄。」

「你不知道。如果被抓到舉報，那一輩子的退休金就全沒了……」

「唐媽媽，您這個工作，只是在學校教書耶。跟它的國防有什麼關係麼？……」

「限制多呀。房屋的銀行貸款還要繳二十年哪。哪裡敢？……」

聊到這兒，我和唐媽媽全抓狂了！……

一九九二年我的探親順利完成，再見到唐媽媽時，唐媽媽有了重大決定：申請早退。

返鄉探親不能再遲疑了，其實他們夫婦倆已有了精算，唐伯伯再工作幾個月就屆達六十五歲退休，而唐媽媽公職服務超過四十年，提早退休，損失應該不會很多。這個想法一通，唐媽媽立即付諸行動，真的到我介紹的銀樓去買金子，唐媽媽邀了幾位她的「手帕交」同去看金子、選金子，本以為唐媽媽如同我老爸返鄉探親一樣，一買就是整個家族從長輩到晚輩，從外婆到內媳，人人都有份的金子，會買很多。結果唐媽媽僅買一條沉甸甸的男用金鍊子，準備送給她二哥，我心裡還暗想「那他大哥呢？不知這唐媽媽怎麼想的？」。可不到一星期電話就來了，唐媽媽反悔地說：「怎麼算都不對勁。」要我陪她跑一趟銀樓店找我的老房東去退金子。我的心一涼，金行老闆沒賺分文，這下可會得罪人！……

這家銀樓開在中興大學附近，老闆是我的舊房東。我大二時

租了他一個小房間，他要我幫忙留意房舍店鋪動靜。我答應了，也挺負責任的，結果就與這銀樓老闆兼房東交下了一份友情。後來開放返鄉探親，我把所有返鄉探親的老兵伯伯全部介紹到房東那兒買金子，口碑好、金子純、代工費有折扣，最重要的，房東推銷很有技巧。房東雖然是個臺灣人，但他懂得老兵語言，抓得住老兵心思，探親經費不多，除了買機票、買美金、旅費籌備及過境香港買三大件、五小件，其實老兵最重視的就是買黃金，「沒金子，探什麼親？」我難忘我老爸來買金貨時那個臭美模樣。所以，房東老闆總是向後來者介紹「先前剛走的老兵先生買了這款」、「那一款沒有貨了，好暢銷哦……」惹得後來者趕快掏錢，趕快買他的金貨。

硬著頭皮陪唐媽媽再到老房東金店鋪退貨，卻沒想到房東老闆一點都沒介意。在臺灣舊金貼現要扣五厘的損耗，但在唐媽媽眼裡，那金鍊子買來沒帶過，算是新金，老闆連連應答「沒有問題。沒有問題……」並且向唐媽媽介紹，因為我的推薦，那些老兵伯伯呼朋引伴都來他這裡捧場買金子，讓他生意興隆——我倒先被房東感謝了半天——所以唐媽媽的「舊金」換新金，根本沒問題，不用擔心，也不用提損耗折抵，傷了彼此感情。

結局大家都高興，這位老房東特會做生意，金鍊子退掉，換成兩隻女式戒指是送給兩位嫂子，兩隻特別訂製、免費刻名的金戒指是給四十三年沒見面的大哥及二哥，老房東說「大陸窮啊。衣服只有黑白藍灰色，哪有銀樓金飾店呀。你們要多帶些金貨回去送親戚耶！……」其實老房東是臺灣人，既然沒有大陸親屬，也沒有去過大陸，那些話不知道他是聽誰說的，唐媽媽卻覺得太有道理了，又加買五對金耳環，探親時看情形可以給親友晚輩，以備不時之需。結果，唐媽媽退掉原先的金鍊子，還得再補上幾

千塊差額去換得那一堆小金飾，房東根本沒損失，唐媽媽喜孜孜地誇口還會再來。

苦了的只能是我的大學老同學。陪媽媽等待探親的八個月日子對她而言實在是很長很久，當時她正忙著戀愛，忙著約會，忙著張羅自己的婚事，而對於父母把她的婚事放在第二順位，把他們返鄉探親放在第一順位，她的心緒頗不平靜，時不時要喊出一些冷嘲熱諷的話——

你們不知道大陸人如何嘲笑你們嗎？……你們這一批老兵，還自以為是臺胞、是貴賓，前面放頂轎、就真的以為座上賓呀？背後讓人嘲笑是「臺灣來的呆胞」……帶那麼多金子去大陸，再多也不夠他們塞牙縫，杯水車薪怎麼救？……還嫌不夠，笨呦！……

那時候，老兵探親買黃金換美鈔社會輿論滿天飛，電視報紙老是搞特別報導，用得多是貶義詞。正批判，負能量。唐媽、唐爸還沒成行，不只自己女兒罵，社會輿論也罵，他們心情掃到谷底。

我也天天心情難舒暢。唐媽媽打電話來，要我到她家吃飯，我還得先確定我的這個同學不在家，我才敢去，偷雞摸狗似的，不知道為哪樁？

吃過晚餐，桌上杯盤狼藉，唐媽媽就忙著拿出大陸親友的書信給我看，絮絮叨叨地講述著他們的思鄉之難解心情……話沒說完，唐媽媽很寶貝地把那些包了又包的金子一一地拿出來給我看，還千叮嚀、萬囑咐地讓我不可跟我那「有了男朋友就沒了媽」的老同學講金子的數量。唐媽媽說：「她若是知道了，又要跟我們生氣說怪話的……我只能安慰唐媽媽，那年我老爸也是買了又買地總嫌不夠，我也是幫忙保密不讓我老媽知道。唐媽媽

說：「她爸爸那邊的親戚我也準備好了，我倒不必怕她爸爸生氣啦⋯⋯」唐媽媽邊說邊再回房去把準備給唐伯伯家鄉的那一大包金飾都取出來給我看。

看著一桌子的耀眼金貨，我心上一慟──這就是離鄉四十年的「臺灣女老兵」對大陸鄉親們的一份殷殷思念啊？⋯⋯

至於這四十年裡唐媽媽在臺灣軍隊裡做了什麼，遭了多少罪，忍了多少苦，用我老同學的話來說：她媽媽的事「不可亂問，不可亂寫，不可亂登。」

其實，我也知道了不少，只是⋯⋯唐媽媽不想再讓世人知道。我都忍痛把淒絕但依然美麗的唐媽媽的圖片、文字、經歷全都刪了！⋯⋯我想是五、六十年代的「禁言」、「白色恐怖」留下的陰影，或許是四十年的苦難經歷與殘酷管制，讓這些老兵們難於啟齒或是不堪回首吧⋯⋯

四十年，兩岸人，都是如何打熬的呀！

一九八七年解禁雖開了一扇門，但唐媽媽的探親之路卻卡了一塊大石頭，讓人憤怒著急。

法令不能改，人改。一九九三年三月他們辦理退休準備返鄉探親了，可這等待的日子一點也不好過。牙黃的書信上不知滴過多少眼淚，篋中的金子夫婦倆不知道檢視了多少回。

我看到、和想像的畫面是希望、是期待、是滿足，美夢即可成真。我感佩和遺憾的是老兵的兒女多半對此無動於衷。我們年輕，沒有被生生切割、妻離子散的感受，無法瞭解老父親、老母親用金錢買這些黃金，是否是想買回四十年的空白，四十年的淒清，買回對四十年親情思念的一種填補，買回舉手無措不知面對親人怎麼表示「回到老家的喜樂」⋯⋯

　　老兵買金子都變成一種偷偷摸摸的行為，老兵凝視金子時都呈現出一種無法言喻的美麗沉靜。這深深的思鄉糾結啊！讀家鄉書信時哭，看準備的金飾時笑。美麗高貴的唐媽媽也掉入這樣的一種不可逃脫的「境況」，不久，她與自己的親女兒、我的大學老同學發生了一場「家庭戰爭」！

　　原因當然還是為了這些「金子」。

　　關於回大陸省親，土生土長原裝的臺灣子女多半不願參與，子女們也多半吝嗇著自己的時間，不願伴讀家鄉的來信、更不願支持即將被帶往大陸的金飾。他們不明白，這老爹老媽是發了什麼邪？偏要把幾十年辛苦積攢的財富拱手相送？他們當然不懂，他們的老父、老母是怎樣從一九四九，打熬到一九八七？怎樣在兩岸陰霾的氣氛裡，反芻當年的血雨腥風？連唐媽媽這種「臺灣老女兵」也是在「開禁」之後才結婚生子的。更何況，他（她）們初到臺灣，所受到的嚴酷的生活艱難與思想禁錮。他們更不懂「大陸探親」的真正意義及對他（她）們這一批「浮萍」是多麼長遠迢遙的路！……

　　這是「代溝」。更是歷史的鴻溝。

　　今日回想，初識同學去她家的時候，她的家庭氣氛多麼和諧，全家人講話輕聲細語，客客氣氣，唐伯伯是個沒脾氣的好老人，怕老婆又怕女兒，還開玩笑要我這個女同學不可學著她們母女「欺負」他。唐媽媽心思細膩、面面俱到、處處留意，家中大小事全部由她來張羅。我同學大學還沒畢業就交男朋友一事，唐媽媽特別是留意交往進度，深怕動作太快，吃虧的是女孩兒家。一個和樂的家庭卻因為提早申請退休，準備探親一事，兩輩人分成兩派，開始了親人間的爭執，從只是有不同意見，發展到是該先買陪嫁金飾還是要買探親金子，一家人陷入「戰爭」……

女兒大哭說：「早就承諾的嫁妝，怎麼就沒看到屬於我的金影兒？……」

唐爸、唐媽則暗泣：「金子算啥？這兒女不認老家，不肯拜祖，我們怎麼對九泉之下的爹、娘交代啊！

其實，唐媽媽的探親很順利，進卡入關，找到老家、老房子、見到老哥哥、老嫂子、侄子、侄女等一大堆從沒見過面的親人。她重新走過了她熟悉、也不再熟悉的南京，再次看了已陌生、卻永不陌生的街巷，感歎著白雲蒼狗、歲月倏逝，一顆哀傷的心，總算得以安撫。唐伯伯家的探親就沒有那麼順利了，一九九三年三月在南京完成唐媽媽一家團圓之後，唐伯、唐媽在南京二哥和二哥長子陪伴下，遠走四川，憑著解放前的舊地址，在當地公安的協助及地方老人回憶口述的絲絲線索，唐伯伯找到了「那塊地兒」。但老房子早就拔了，唐家在「十年動亂」時期裡家破人亡、人去樓空。附近的年輕一輩根本就不知道唐家的事，更不知道還有一個在臺灣的唐伯伯。只有唐伯伯自己認出離家前的一口家井，記憶中家井旁該有的老茶樹不復存在，唐家曾在這塊土地上開枝散葉，眼前流浪在外四十年的兒子回來，卻找不到一個唐家人相認。

唐伯伯哭了。

唐伯伯帶回來的金子無親人可送。但老人想：井在。家就還在。他取了一個最大的金戒指，悄然地投入井中。那空洞洞的井筒裡，竟沒有一絲回聲……

喟然一聲長歎。上碧落，下黃泉，兩處茫茫皆不見！

這一切，都不能不再說一九四九——

一九四九年初，十八歲的唐媽媽在夫子廟門口，看到女青年

工作大隊的招生簡章，不曾涉世的女孩子很好奇，以為很好玩，這也是一個不錯的工作呢。於是，她瞞著家人偷偷報考，不想，就被錄取了，入了四百「花木蘭」在上海成立的女青年工作大隊。哪曾想到，還沒正式受訓，就跟著撤台軍艦到了臺灣。一切發生太快，還來不及與家人父母報告就已置身臺灣屏東。從此，一絕音信四十年！

　　「很苦。黑單位。黑事兒。女兵四百人。剩餘的你們不可再問。」唐媽媽封口如瓶，跟我老爸一樣，什麼都是國家機密，什麼都是政治問題，要少碰，要莫談。至於唐媽媽在任職期間出過什麼黑事兒，受過什麼黑調查，甚至是什麼黑處分，更是不得而知……其實，因為性別，唐媽媽承受了比男人們更為曲折幽怨的曾經；因為職務，唐媽媽遭受了比其他老兵更漫長的焦渴與等待。但是令人溫暖的，是唐媽媽那歷盡苦楚陰暗卻依然澄澈的心眸，是那飽經時間稀釋卻愈發熾烈的故土深情，還有那身歷盡歲月洗滌反倒愈發清幽的淡淡野薑花香……

　　唐伯伯家客廳的茶几上，有張他四川老家的老井照片，井內，有一只臺灣老兵投下的金戒指。可是，有誰會知道呢……

十八
嫁阿兵哥的心酸

　　我阿嬤（祖母）生第二胎後，下巴長疔瘡，又沾碰到生水而早早過世。

　　那時媽媽才三歲，小阿姨沒奶吃也沒人帶，就送給人家當養女。阿公是跛腳木匠，在草屯鎮做木工，阿嬤留下的手尾錢和碎金子，阿公拿來買一塊一分二的土地。那塊土地在當時就很有價值，後來更建了十二戶透天店面，就在中興新村省政府所在地。

　　阿公在草屯還有兩個小店面，一個店賣木頭建材，一個店做木工及家具修理。

　　但是阿公也不長命，從小跛腳的他，一輩子勤儉刻苦，四十九歲也就在過度操勞中離開人世。那時媽媽才十二、三歲，並不省事，混混沌沌，到現在媽媽都不知道阿公、阿嬤埋在哪裡。媽媽是我查某祖（曾祖母）帶大的，查埔祖（曾祖父）生三個兒子，老大也就是我的跛腳阿公，在草屯做生意，老二死在南洋，老三，也就是我的三叔公，接收查埔祖留下的房子及祖產過活，因此也可以說媽媽是我三叔公、三嬸婆帶大的。

　　二十三歲的媽媽，在台中大雅的美髮廳專做頭髮，這可是個技術活兒，見識了不少人，也有對她蠻有興趣的男人。但她卻看上了我老爸，自己決定嫁給阿兵哥。這就是姻緣了。至於他們如

何戀愛，是一見鍾情，還是我老爸死死地追我老媽，我當然不得而知。

　　當時臺灣沒有嚴格把關的戶籍資料，爸爸為了想年輕一點、和媽媽不要差太多歲，到部隊單位上把年齡改小了六歲。不料媽媽說本省習俗，差六歲大不順，那時爸爸媽媽已是牽手朋友，訂了終身。一聽這話，嚇得我老爸又跑回單位把身分證改了回來。

　　事實上，爸爸比媽媽年長十二歲，媽媽真的是嫁給一個「老芋仔」呢。

｜戀愛中的母親（攝于一九六○年台中公園）

　　結婚總得告訴自己的親人，特別是養育了自己的「恩人」。

　　我老爸年長媽媽十二歲，又是個「老芋仔」，那時候臺灣人很瞧不起這些從大陸過來的單身老兵，要錢沒錢，要產沒產，年齡還個個都偏大。但我媽媽是個有自己主意的人，寄人籬下的日子她也過夠了，於是，鼓起勇氣，把爸爸帶回南投給三叔公及查某祖看。從那天開始，家裡不再風平浪靜。接連兩、三年都上演

烏煙瘴氣的一大堆吵架。吵得不是嫁給外省人婚姻會不會幸福，而是「那些唐山來的沒帶來任何錢財」、「那些外省仔是貪圖媽媽的家產」等等。冷戰熱吵地打熬了三年，媽媽在無父、無母、無依靠、完全不受到支持之下，受不了這份刺激，腳一跺，遂蓋章拋棄財產，跟我老爸結了婚。

媽媽永遠記得三叔公的兩句話：「好命的女兒不靠嫁妝，好命的兒子不靠家產」。

奇怪的是三叔公本來反對的口氣很硬，後來卻又是心軟又是父母心的，竟然又說嫁出去的女兒草賤命，不能「沒點本錢給尪丈夫欺侮。」草屯的小店面就給媽媽及阿姨留著。因此，媽媽雖得到一點「嫁妝」，但阿嬤——我三叔公的大嫂——手尾錢買的地就這樣過繼給三叔公了。

我這三叔公，貪財是貪財，總還算是有一點兒仁慈心罷。沒有淘盡摳絕，欺負他大哥的孤單女兒，逼到她天涯海角。

小時候，聽到媽媽跟朋友講到家裡的財產，這時爸爸是不敢插嘴的，爸爸如果不小心講出「可惜、如果」等字眼，代誌（事情）就大條，所有那些三叔公講過罵媽媽的話就都被搬出來，然後再加上「你這個死外省仔，自個兒不去賺，肖想天上掉下來」。

爸媽年輕力壯的時候，上山下海，到梨山去運高麗菜，到各種工廠打工，還接手工活兒回家夜裡加班做。總之兩個人都是早晚兩份工，如此刻苦耐勞地把四個子女撫養長大。這些年裡，雖然父母養的四個子女都成家，但立業的路卻艱難，各自走得跌跌撞撞，並不順暢。

我們受的家庭教育就是三叔公的那句老話：「好命的女兒不靠嫁妝，好命的兒子不靠家產」。一切都要靠自己。

　　爸爸走了之後，弟弟在生存奮鬥的路走得非常艱苦，甚至搞得事業失敗奔赴流浪去了大陸。媽媽看在眼裡心疼不已，即使幫不了債務清償，也要探到弟弟的消息，起碼讓她知道漂泊流浪在大陸的兒子還活著。

　　只要活著，就有希望。

父母新婚後不久與曾祖母的合影
（據說曾祖母精神失常前常常抱我，如今看到這幅影像特別感慨）

　　爸爸走了好幾年以後，媽媽才說道：後悔當初太年輕，受不了激將。其實媽媽算是獨生女，繼承阿公阿嬤財產理所當然，要不是當初一氣之下簽字放棄繼承，這些增值的土地不就可以幫助孩子立業嗎？

　　媽媽天天都掛心，時時刻刻都為了兒子在生存上的搏命奮鬥落淚。

　　自老爸走後，媽媽的生活有了改變，在因緣俱足下，媽媽親近佛門，參與共修。她把生命當成蠟燭燒，媽媽曾說：「既然

這輩子沒留下財產餘蔭後代，剩下能做的就是為後代祈福積德了」。七十多歲的母親開始做資源回收，俗稱垃圾婆婆，去銀行、郵局補習班打掃、清抄廢紙，順便裝些礦泉水帶回家用……這部分勞動還不是讓人最擔心的，最讓我牽腸掛肚的是凌晨四點，她還堅持要外出撿厚紙箱，換取一斤紙才幾塊的收益；凌晨兩點，也到銀行外排隊領號碼牌，協助有執照的殘障朋友賣刮刮樂，只為了區區三百塊。

其實，媽媽的四個子女已有能力負擔她的生活費，但「沒事可做」的生活方式老媽不能接受。「積少成多，聚沙成塔」，老媽堅決用每天回收的兩三百塊錢供奉寺廟、參佛佈施。不僅僅如此，老人家每天都要禮佛頌經、實踐一百零八跪的修行。

媽媽在佛祖前為兒女們點了許多光明燈，好讓我們在跌倒時，還有一盞小燈指引，自己再勇敢地爬起來，與生活奮鬥。

這樣的生活模式，外人看來好像僅僅是因缺錢做資源回收，但她的兒女知道，這是用有限的生命、有限的燭油以及無限的虔誠與意志，摯愛、支援兒女的一種方式。

因為媽媽從小就被寄養在親戚家，知道無父無母的感受。所以她常常說：「我還活著，能走能動，就是子女的福氣。」我以為，將媽媽晚年的犧牲奉獻比喻為燒蠟燭，有另一層意思，或許媽媽她自己也不清楚，但是我清楚：媽媽每天守在這小房子裡敲敲打打，拆零件，剝銅線，做分類，把自己深埋在一大堆廢棄物品中，似乎是沉默乏味的。但，這小房子的角落是爸爸最後離開我們的地方，媽媽繼續在這裡點她生命的燭燈，老爸就一直就守在她身邊，深情地注視著她仍在為兒女和她的信仰操勞。

這幾年媽媽真地老了。總是在「老倒縮」，十年縮矮了一大截，現在身高大約只有一米三幾了，兩腿彎曲得已經合不攏。

但即使長期背痛、腰痛、膝蓋痛，媽媽她還是堅持這樣的生活方式，準備到生命的蠟燭燒盡……

　　我是一個無名小作家，爸爸已經走了，不久，媽媽也會燈滅遠走，去找我的老爸。我又能夠做點什麼呢？

　　這幾年我在丹麥，與媽媽通了無數電話，不說天，也不說地，只說著一些與我們的生活與親情的閒雜小事。我們有約定，也共同期待，我要把我們周家七個人的生命用文字寫出來。爸爸媽媽沒給我們留下財產，但他們留下了一個簡單的海峽兩岸的人生故事。

十九
媽媽一生不戴金

　　我的媽媽雖然是「吃土」長大，從小沒父親栽培，沒母親疼愛，但是媽媽對她自己四個心肝丫団，就不是隨便養一養的了。

　　她所能做的，總讓我感動；她所能盡的，總讓我感恩，現在想想媽媽的難與執著，我的心裡仍然浮起一層層溫馨的暖……

　　在我十八歲那一年，媽媽就開始存錢，預告在我二十歲時會準備一條金項鍊作為我的成年禮。弟弟妹妹也都不用擔心，媽媽對子女都是公平的。但男孩的金鍊子會比較粗，這樣走出去才會有看頭、給人看得起。

　　連續四年，一年有一個孩子滿二十歲。那段時間媽媽常說：「稍等啊！給媽媽點時間存錢買金子。」

　　我的二十歲成年禮是一條鱔魚骨編法的金項鍊，重約一兩二，當初媽媽花了台幣一萬五千塊。

　　這筆錢媽媽存了半年，也算是媽媽幫我存的錢。那時我已經在潭子郵局工作兩年多，每個月，薪餉袋從來不拆封就整袋帶回家交給媽媽保管，媽媽拆開袋子，還沒有數一數會不會少一張，就抽出五張共台幣五百元——不是五千元喔——作為我的當月零用錢。五百元？我很乖吧。

　　在郵局工作除了固定薪餉外，還可拉保險賺紅利，不然我自己怎麼存私房錢？我之所以想存錢是準備買一條金項鍊，作為媽

媽五十歲生日禮。臺灣的本土女人，身上不戴一點兒金的極少。媽媽就是。所以，我的這份孝心從參加工作始，就在細細地籌備了。

本來想，到媽媽五十歲，還有很多年可以存，不用急。不料媽媽更年期早早來報到，快四十五歲時，更年期的彆扭造成的影響便開始顯現，老媽對什麼事都感到不對勁，什麼東西都看不順眼，尤其常因緒情起伏、自己又控制不住，而與爸爸鬧脾氣。爸爸是個老大粗，最不會哄他的老婆，需要女兒居間撮合調停。女兒能想到的最佳辦法，就是放棄等媽媽五十大壽送金項鍊的計畫，提前改作四十五歲大生日就奉上。

這段時間，薪餉袋還是要乖乖交給媽媽的，以免她察覺有異。結果存的錢就不夠，沒辦法買一條又重又稱頭的金項鍊，讓媽媽掛到脖子上低頭當阿婆。所以，說服了牽手的男朋友跟我一起去挑金子——其實是講好了不足的幾千塊讓他先墊，等我努力拉保險再還他。

在爸爸的設計安排下，生日蛋糕準備好了，等媽媽來吹蠟燭，金項鍊也就等女兒幫媽媽來掛上了。但是很感傷，這些美麗的情景還都沒發生，媽媽的「更年期」情緒大波動，跟誰也沒說就離家出走了。把我們一家老小焦急得啊！到處找，到處問，全家人真正地雞飛狗跳！……幸而媽媽出走的地方很安全——去了我中和的姨丈家——姨丈是爸爸部隊老兄弟，一個電話，全家才心安，生日沒過，蛋糕沒吃，蠟燭沒點，我準備好的讓媽媽驚喜的金項鍊，當然也沒有掛上她的脖頸……

三天后，姨丈帶著媽媽回到豐原，情緒好不好我們根本不知道，但其實媽媽願意回來，主要原因卻是，若再不回來工廠就要開除她。她捨不得掉了這一份能掙錢養家的工作。

幫大忙的男朋友一直等著聽感人的故事，媽媽有沒有喜極而泣、熱淚盈眶？……

而我心急的只想要快快還他錢。那時根本沒聽過「更年期的障礙症」，我只是莫名其妙地想，媽媽又不是那種浪漫型的女人，鬧離家出走搞什麼「飛機！」

那條由男友資助的金項鍊最後當然還是送給媽媽了。生日卻沒有補，也從來沒見她戴過。時過二十五年，完全忘了這檔事。

二○○八年十月，與外籍老公赴大陸探親，父親離散四十年的親妹妹——我的小姑姑，帶領她全家，在徐州全聚德烤鴨餐廳給我們接風。姑姑的長媳婦就坐在我對面，她胸口那塊黑墜子吸引了我的注意？那不正是二十五年前我買來送給媽媽的金項鍊嗎？……當年因為我存的錢不多，買一條八錢重的金鍊子，就再也買不起加碼裝飾的金墜子。因此墜子的部分，折中買了一塊少見的稀有黑色礦石（不是便宜的黑曜石），這樣，整條鍊子美麗又大方，而且很重，可以滿足老人家「重就是有價值」的心理。

那塊黑礦石以鈦金點綴，上頭金點閃閃發亮。姑姑的長媳婦不經意間誇獎起這塊特殊的黑寶石，說它能調和身體磁場、滋陰補陽。聽得我心哀然——她不知道那條鍊子背後的故事，不知道當初我是如何省吃儉用才攢了錢、還靠著當時的男友的資助，買下要給母親過她的四十五歲大生日的。

而我卻知道，今天這條鍊子出現在姑姑的長媳婦脖頸上，一定又是老爸的「傑作」。

老爸他也不是很壞。那幾年他就是「瘋」大陸，什麼好東西都往大陸帶。媽媽也真是的，一味幫爸爸打點，自己什麼東西都不留。

這麼多年來，老爸去大陸攜金帶銀可真算是不少，媽媽全幫

他打理好。但她絕不動用孩子們的東西。媽媽也從沒過問四個孩子，成年禮的金子還在不在？因為媽媽並不在意她已送給兒女的東西，她知道：如果金子不在了，代表那條金子曾幫過她的孩子度過了一次難關。而我的記憶裡，媽媽從來不戴金。我唯一的孝敬她的這一條黑寶石墜金項鍊，也讓她給了老爸去撐住他的「面子」。這就是我的一輩子不帶金子的媽媽。

其實哪有女人不愛金？但是比起金子，媽媽的心，媽媽放在她老伴和兒女身上的心，可比金子貴重得多了。貴重了不知多少倍！……

二十
豐原高中的溫馨回憶

　　民國六十七年（一九七八年），我就讀豐原高中二年級，自然組，二年九班，男女合班。

　　這是當時唯一的男女合班，因為其他女生班分配完，多餘的十位女生無法成為一個班，男生也是，因此，十位女生便與三十五個流口水的美少年湊成一班。在男女學生樓層還是分開的年代，當時我們這個班，算是一大創舉。

　　走在「時代尖端」的我們，每日升旗典禮的隊伍行進時，不知羨煞多少隔壁班的同學。

　　我們這個樓層全是純男生班級，走在「男生窩」中，要避免額外的碰觸，要表現出有禮的「肢體語言」，分寸的拿捏也必須是自己摸索，自己掌握。但說實話，下課只有十分鐘，要跑到臨棟女生廁所，真的很遠。

　　但還是有女生同學喜歡跑很遠的挑戰，因為穿越男人牆也可說是一種遊戲，會讓十六、七歲女生帶著未知的憧憬小鹿亂撞。不過那時我胖胖的，比較自卑，躲都來不及了，對這個遊戲沒多大興趣。

　　某個人就是二年九班班長。班長有副俊挺的鼻樑，也有深邃不可測的眼神，聲音雄壯低沉，他被選為每日早晚全校升旗降旗典禮的司儀，天天站在校長旁，全校聽令於他：「立正」、「稍

講到男女合班的照片，我的重點，是憶起照片中的某個人。
當然次重點還有與我們合影的大西瓜，下文馬上就要講到。

息」、「敬禮」、「唱國歌」、「禮畢」……

　　他總是高高在上，君臨全校師生，但他絕對不會知道，同班中有位女同學對他產生了景仰，更因此有了單戀的情愫。

　　在現代一切都速食化，要就來，不爽拉倒，或許比較沒有單戀的困擾。但我們那個保守時代啊！……單戀的感覺就如一只小蝸牛，躲在自己的殼裡，慢慢爬呀慢慢爬，小蝸牛試著瞭解，這是成長中的一部分痛苦歷程；小蝸牛又一點一點伸出觸角，去探探對方的心思。假如對方眼神正好碰著小蝸牛，便趕緊收起觸角，收起身軀，鑽進蝸殼，絕不讓對方發現小蝸牛的偷窺，更不會透露一點點小蝸牛自己的心思。

　　一切無聲無息、沒有表示，沒有動作，更不會、也不會、更不敢寫個小的小字條兒。這就是小蝸牛的單戀。

　　六十七年十月舉辦校慶運動會，當時爸爸在豐原蔬果市場開大卡車，每天都可拿到幾十個自然熟到迸裂、賣不出去的西瓜，讓媽媽拿來餵雞。其實這些西瓜只是賣相不好，可甜的很呢。因

此我請爸爸幫我在其中挑些還不至於難看的，請同學吃。我忘了當初有沒有事先跟老師報備，總之交代開卡車的爸爸，在運動會當天，送三個大西瓜到學校校門口警衛室來。

記得是當天中午時段，警衛室連續廣播：「二年九班班長馬上到警衛室來！」「二年九班班長馬上到警衛室來！」我知道我安排的大西瓜到了，心中充滿了狂喜，浸沉在我的「設計」成功了。運動會結束，全班拍照留念，我的四個（爸爸比我要求的多送了一個）大西瓜也入鏡，記憶中還有全班同學搶吃西瓜的畫面，至於運動會上有沒有同學得到獎盃、獎牌，相對就不重要了。

現在想想，我主要是想討得班長的注意和讚賞。

果然，吃西瓜時，班長跑來找我聊天：「你爸是外省人啊？那你籍貫是哪裡？……我剛才見過你爸爸了啊……」

害羞加上緊張，忘記他還問了些什麼，總之，我感覺到他對我示好，想表達我們是同一個國家——不管是大陸、是金門——來的。但單戀的我，只能一面隱藏我顫抖的雙腳，一面支支吾吾地轉移這個我最不想面對的話題。聊了沒幾句，對話就呈現空白，他詫異地看我一眼，摸摸鼻子無趣離開，我內心卻突然有了憤怒，兀自向遠去的背影怒吼著：「對啦！你是金門來的，你是功勳子女，你是純番薯！我是芋仔番薯，我是老兵的女兒，我爸是開卡車的！……你有什麼了不起？……」

於是，小蝸牛的「單戀」就這樣結束了。

從那天起，我故意閃避老爸，早上提前在六點三十分出門上學，晚上刻意參加學校晚自習，二十一點四十分才回到家。高二，距離聯考大約還有六百二十天，過一天扣一天，緊緊張張的也好熬過。直到有一天老爸突然發現很久沒碰見我了，很久沒給

我零用錢吃飯買冰，而我竟也緊縮胃、餓肚子地撐了兩星期。

　　與老爸賭氣，是氣他為什麼送西瓜這麼簡單的事，他要留在警衛室這麼久，搞得經過的老師同學都知道我是他女兒。跟學校工友聊天不打緊，他為什麼又跟二年九班班長聊天！

　　連連生氣兩星期！就因為「暴露」了我是臺灣老兵的孩子。多麼虛榮的「虛榮」心哦！現在回想，實在可笑，且可憐，亦可愛，卻溫馨……

　　其實，老爸那天在學校警衛室逗留聊天，全是因為一位工友，學校師友叫他「老李」，學生則稱呼他「李伯伯」。

　　他雖然只是司職衛生、維修、掃除等雜務，但實際上全校公認他是豐原高中的「副校長」，我們私底下也這麼叫他。他所以得到「副校長」的封號，是因為他是唯一一位敢與校長吵架的大人。不僅僅是一次，而是若干次。吵架的原因多種多樣，但總不外是校長來勸阻李伯伯，而李伯伯根本不要聽。比如校長勸阻李伯伯在學生上課期間不要敲敲打打，不要剪草皮製造噪音，不要在校園內大聲喊叫，偏偏他會用比校長更大聲的大吼大叫，說出他必須製造出聲音的「絕對理由」。他吼著、叫著，校長常常鎩羽而去，不得不對這位大脾氣的工友做出退讓。

　　我們學校校長是個讀書人，寡言木訥少有微笑。他常板著一張臉，在校園內巡視走動，檢查學生上課情況及注意校園環境有無異狀，如有什麼發現就立馬記在他的隨身記事簿內。李伯伯是學校工友，也是日夜在校園內走動，從腳踏車停車區有無雜物垃圾，男女廁所堵塞疏通工程，教室門窗桌椅修理，校園花圃草皮修剪，人行道柏油路坑洞填補……李伯伯負責的區域和責任似乎比校長還要大。而且，更關鍵的是，他這個「副校長」連校長拿他也沒辦法。

我們二年九班教室在忠孝大樓一樓，一樓的側花園是由我們負責打掃的公共區域。每天到校升旗典禮前，或是一天課業結束後，學生們都要打掃該區域。學校會有負責評審的老師來評分。年輕人哪個不想上進爭第一？因此，班上同學分成二十五位打掃教室，二十位打掃室外公共區域。

這個區域種了二十棵芒果樹，這也是大家都願意參加室外勞動的主因。在我們細心的呵護下，每年二、三月裡就會看到許多小芒果出現，打掃室外的公共區域變成了人人搶手的工作。我們除了認真地灑水，一片一片地掃除芒果樹掉葉，大家就是願意看那小芒果一日一日的變化。小芒果隨著日子的累進、吸收著日月精華、雨露春風，伴隨著二年九班同學快樂的嬉鬧笑聲，果實越長越大，大得像顆青色的鵝卵石，好看極了。再用不了兩天，就如同男同學的大拳頭那麼大了，同學們開始討論要有怎麼樣的氣候，多少日照，才能使青芒果變成橘黃色，像市場上的一樣好吃，討論何時是採收期，每個人可分配多少，到哪兒去借爬梯來採果，還有同學提出芒果在採收後，必須經過一道熟成處理才可以吃……好多疑問喔，個個都是甜甜的。

在同學的討論「打屁」中，時間就這麼過了一個星期又過了一個星期，四月中旬的一個星期一的早晨，不得了！天下大事發生！——七點到校，我們戶外公共區域二十棵芒果樹的果實全部消失，一個都沒留！連地上也沒留下腳印線索……那一個早晨，那一個下午，清潔打掃，有沒有澆水，有沒有掃淨落葉應付清潔檢查，已無意義。女同學們義憤填膺，男同學們則揮舞著掃帚憤怒地發飆：「一定要抓到這個惡賊，砍下他的手指！……」

在臺灣偷採果實是要報警砍手指的，這是日據時代就留下的傳統！

「此仇不報非君子！」

「這一定是老李幹的好事！」

「難怪他上星期老是趁著我們上課時來這兒望東望西的……」

「應該好好地教訓他一下子！」

「對對對。必須教訓他一下子！……」

男同學開始討論芒果丟失的復仇計畫。因為那一年我是副班長，內外清潔打掃督導都是我的責任。我也跟著旁聽，看看是否有我需要負責的事項。

最後確定結盟執行「復仇」的有六位男同學，他們認真規劃細節，並安排了具體分工。

他們收集必要情報，研究老李的生活作息：例如老李出入時間，到我們教室前後的規律，他有什麼朋友和「仇人」等等等等……後來，男生還發現老李是「狡兔」，他竟然有「三窟」，也就是他有三個睡覺的地方，校門口警衛室，工具房裡也有一張床，員工宿舍還有他的一個小房間。攔截到他揍他並不容易。

但「人人精細準備，個個摩拳擦掌」。

當六個男生終於訂下某一個月黑風高的晚上，準備去痛揍一頓可惡的老李的時候，我開始害怕了……事態嚴重啊。因升學壓力，學校二十四小時開放，我們可以徹夜留在學校教室內讀書，男生們付諸行動比較容易，他們一定會去幹的。因為有值班的老師留守，維持校園秩序及保護女學生安全，我很想去找老師打小報告，讓老師警告老李。但我卻做不到。我不能背叛這六位「血氣方剛、心懷正義」的「義士」啊！……那一夜，痛苦煎熬，輾

轉反側，擔心害怕。想像「副校長」老李可能被揍得鼻青臉腫、手腳包紮上石膏、走路一拐又一瘸，我都不敢去想像了……如果被學校查出來是誰揍的，鐵定記大過兼退學，那我這一生不就完了嗎？我後悔沒去打小報告，更不知道自己是如何地度過那個晚上的。

第二天一大早，我儘快地趕到學校，趕快到處去找老李，找我們的「副校長」……

一切都很平靜，找「副校長」一點也不難，老遠處，就聽到他還是一貫粗魯的大嗓門大聲嚷嚷地忙著指揮同學做環境清潔打掃。我頓時好安心、好快樂，同時也好奇怪。找到「六義士」之一，問他是怎麼回事兒？那「義士」輕描淡寫地說：「查到了。收芒果是老李的正常工作。學校的芒果是公有財產。年年都是由老李收。那誰還能去揍他？……」

我長長噓出一口氣──昨天晚上的煎熬，全是我自找的。

其實，後來也隱約探聽到了實情：「六義士」剛在黑影裡擺開架勢，就被老李一嗓子嚇得抱頭鼠竄：「小賊！老子狙死小日本那會兒，丫臼們還沒出生呢！」

原來，老李竟是個打死日本侵略兵的臺灣老兵！難怪那天爸爸來送西瓜，會跟他在警衛室聊那麼久的天。老兵們真是不論到了哪裡，一碰上了，就是掏不完的心窩子，嘮不完的嗑。

「工友」、「老李」、「副校長」、「李伯伯」手臂上有一個墨綠色刺青──國民黨黨徽。

小時候看到手臂或身上有刺龍刺虎日本武士道圖騰的，都是非善類的幫派分子。而有刺青的阿兵哥則多是強烈表達愛國意識的極端份子。他們脾氣可能會特別壞，贊成不要與他們接觸。那

時候，我並不知道「臺灣老兵」除了有陸、海、空軍之分別外，還有許多是金門戰爭的戰俘及韓戰投誠的「義士」，特別是韓戰這一批老兵身上，都有刺青標誌。在一九八七年開放探親後，為避免政治困擾，許多醫院都有「去除刺青門診」的服務，來為老兵們抹去曾經的信誓旦旦與對天毒咒，好順利返回大陸探親。

　　現代人或許覺得大陸早已開放許多，老兵伯伯們想得太嚴重。但想想當事人手臂上刺青刻下「殺朱拔毛」、「反共抗俄」等字眼，他們何以面對大陸的鄉親？面對養育爹娘的故土？當我們瞭解了這些老兵伯伯的心路之曲折艱難，便能夠理解他們為什麼願意再受一次皮肉之苦，再受一番折騰與折磨了。

　　現在回想那件「失芒果要揍老李工友」的未竟之事，也真夠荒謬。我們這些高中生才照顧那幾棵芒果樹兩個學期，澆澆水掃掃落葉而已，根本沒實際經營剪枝、施肥等重要工作，況且老李一輩子服務于豐原高中，搞不好那些樹還是他親手栽種的呢。十六、七歲好逞兇鬥狠耍嘴皮子的我們，幸好只是胡說八道吹噓瞎鬧……今日想來豐原高中美好的回憶反而是與老李有關，有一個老兵在校園內大吼大叫、指揮東、指揮西，把學生都當成是他的子弟兵，男生、女生蓋不例外。那是多麼摯誠信任的一種親情呀！

　　就是忘了校長，也忘不了臂上刺過青的老兵李伯伯。

二十一
他們在上山下鄉，我們在作大頭夢

　　最近迷上讀網路知青文章，文章多是描述中國大陸在一九五〇到一九七〇年期間青年學生被迫放棄學業離開父母，成群結隊下到鄉村，進入荒野去學習農耕漁牧的憶往紀事。

　　雖然許多文章發表是快樂出航、自願參與、甚或標榜是一段磨練人生的特殊經歷，但也有更多柔腸百結、情感熾烈的痛苦表白，讀了不禁讓人同情、引人省思。還有許多批判文章引起我的注意，難不免不由自主產生許多疑問。

　　剛接觸到「知青」這一個名詞時，我確實很驚訝。一輩子竟然沒有聽過這兩個字，也不瞭解其為何意。我還算是喜歡瀏覽大陸新聞、看大陸文章的讀者，雖然讀簡體字有些彆扭，但因大陸文章的豐富多樣，超越我對閱讀困難的抗拒，直到我稍微花了一點時間，看過幾篇知青文章，幾幅海報，以及兩部電影，我才對「知青」一詞有了一些深入的瞭解。這群遠在中國大陸我所不瞭解的「知青」人，帶動我回憶起兒時的理想與願景，我才逐漸驚覺，在我小時候就與這一代大陸青年人有著不曾相交又隔空呼應的神祕關係……

　　而這之前，我曾交給出版社的稿件中有一篇《我的祖籍》，說是因為編輯排版整體考慮，沒被收編發表。現在我才恍然大悟，《我的祖籍》這篇短文，時空背景緣由與我所不曾瞭解的大

陸「文化大革命」、「學生青年上山下鄉」運動息息相關呢！

一九三六年國軍統治下徐州中學校門前的師生留念照
（注：本照片由老徐州鄉土文獻陳列館提供）

一九五八年徐州中學校門前的師生畢業留念
（注：本照片由老徐州鄉土文獻陳列館提供）

　　這是兩張同一地點的畢業照片，一九五八年這張與前面那張國民政府治理下戰火紛飛的一九三八年相比，除了名字由「江蘇省立徐州中學」改為「徐州市第一中學」；校區書寫方向由右向左，改為由左向右外，最大的區別在於精神面貌的改變，學子們

服裝由嚴肅的軍統服變為時尚的自由裝,臉上洋溢著欣欣向榮的氣息。

我生於一九六二年,聽父親說,臺灣當時可沒有這種開明風尚。父親是跟著蔣介石一九四九年撤退來台的外省阿兵哥,在服役二十二年後,自軍中退伍自營謀生,開計程車、開卡車、擺小攤、給他人打工……但因受一九四七年「二二八事件」影響,臺灣人排斥外省人,因此父親開計程車和其他生意的收入只夠加油、跑路、出汗,並不夠養兒育女,生活十分拮据。

而大陸接下來發生的事情,廣大「知青」同胞更有發言權……讀到大陸知青青年努力在黑土地上辛苦耕耘,分得一把米;冒生命危險在礦坑井內以簡易工具,奮力地去鏟那一籮筐一籮筐的煤石;在天寒地凍的東北大山開墾砍伐,卻沒留給自己一塊取暖的柴火;在貧瘠窮困無助的破瓦房裡夜深哭泣……年少懵懂的我無法理解海峽那面的這種生活狀態與生命精神。倒是小時候,眷村、學校、政府機關定期會有特展,展覽海報內容都是介紹大陸同胞陷於水深火熱痛苦中,文化大革命批鬥整人,紅衛兵破壞文物,學生手持毛語錄、不愛讀書、下鄉改造等等許多煽情文字、黑白照片、彩繪圖片。圖畫中的共產黨員既肥又色,斜眼歪嘴加暴牙,留有胡渣叼著煙,再戴一頂星星帽,如判官姿態決定老百姓的死活。而老百姓則是面黃肌瘦、衣衫襤褸、吃樹根、啃樹皮,被貶為黑五類打入地牢活活餓死。無知被利用的青年變成紅衛兵下鄉去再教育……以上這些都是學校、電視、電影中的廣告片段及教育內容,對於遠在大陸「知青」同胞的人生際遇,我是既唏噓又疑惑,只能不斷提醒自己,歷史事件留給專業學者,留給下一代去研究,我既非學者又非當事人,更不是主政者,實

在是沒資格發表什麼意見。事實是否公正及偏頗，相信經歷那個年代的大陸同胞們，更有發言權。而真實的歷史，經過時間的拮抗、沉澱、反思與昇華，也一定會顯露真相，還原到發生時的本初。

知青文章多得是一輩子也讀不完。那是一九六〇到一九七〇年發生的事情，對應在臺灣當時的我們在幹麼？……我開始上小學讀書學寫字，父親白天跑計程車，晚上兼差打麻將賺錢貼補家用，媽媽則在鞋子工廠當作業員，從早上八點上工到晚上九點下工──當時媽媽才是真正家中經濟重擔的主力，不過媽媽從無怨言，這個老爸心裡透亮著呢。

在我早期的臺灣生活中，「祖籍」資料是很重要的。從年輕人入社會寫求職信，提供資歷證書、機關個人檔案及至父親領軍餉、領米糧補貼，媽媽到公所申請施打卡介苗預防針，小學生在學校檔案紀錄，甚至是報名參加遠足郊遊，所有的各種書表，除了填上個人姓名、出生年月日、居住地址外，還有一個空格是「祖籍欄」。這在當時是必填項目，是可以尋根溯源的。但是這一欄項今日臺灣政府已經刪除，而改填以「出生地」取代早期兩蔣時代認為重要的個人資料。

小時候，我對行政區域省線劃分搞不清是怎麼回事，老爸常提「人不能忘本，不能沒根。」我們的老家在徐州，但我家戶口名簿上或父親身分資料祖籍欄，卻都寫著江蘇省銅山縣。為幫助小孩記住是銅山縣，老爸還在我很小的時候就說「西楚霸王項羽」的故事給我們聽。所以我也能接受我的祖籍是銅山縣，因為那兒出了歷史大人物。因此從我上學開始寫字，各種學校作業、作文考卷、包括老師頒發給我的獎狀都明明白白寫上學生「周賢君」，祖籍「江蘇省銅山縣」。

我十一歲時，在讀小學四年級。作文老師、歷史老師、國語老師都是外省人。也就是隨蔣介石遷台的那一批外省人。有一天，老師帶了一幅好大好大的中國地圖，不同的省以不同顏色來區分，每一個省都有一個省會，很醒目的印刷在地圖上。班上五十位小朋友，老師北自黑龍江省依序，往南到廣東南海諸島；西從新疆排開到最東邊我們所在地的臺灣，一一念給我們聽。念到所屬省籍的同學，馬上就站起來，這樣來統計同學祖籍分布區域。一霎時，搞得課堂好不熱鬧，同學們笑呀，說呀，個別人還能謅上幾句家鄉土話，惹得大家哈哈大笑……我們這才知道，中國這麼大，臺灣這麼小。但因為那時期的文宣，說大陸同胞生活在水深火熱之中，紅衛兵造反有理，不讀書，不繼承傳統文化。老師便在課堂上告誡我們，要好好讀書，學習孔孟思想，繼承中華道統，光復大陸有待我們這一代的努力與奮鬥！……其實小孩子哪知道何謂孔孟思想？何謂儒家精神？那時更不知老蔣總統與我老爸這群國軍將士，對反攻大陸早已不抱希望，轉而把這「神聖使命」的接力棒塞給我們。

　　我們？我們才剛剛是十歲十一歲的小學生耶。

　　那時我們在學校嚴禁說「閩南話」、「福佬話」。如果被發現，被抓到，要罰錢的。沒錢就罰半蹲。因為我是「芋仔番薯」的家庭，父親本來就說了一口北方國語，我的語言切換不是問題，從來沒被罰過。但有趣的是臺灣地方方言閩南話，在九〇年代後卻被改稱為「台語」，有了正式的尊稱。雖然學校課本上，教過臺灣人口遷徙歷史，但那時年紀太小，對臺灣人遷徙的祖先認知並沒有什麼感觸與記憶。直到有一年在馬來西亞檳城與華人以「福佬話」討價還價；有一次在印尼瓜哇島參觀華人墓葬區，見他們的墓碑碑文都刻有福建省福州、泉州等大陸地名；直到前

兩年到廈門訪親，與所接觸的大陸朋友交流，發現我們的方言口音幾乎相同。那時，我才第一次對我講了一輩子的本土語言有了感悟。同是一種語言竟然有三種代名詞：「閩南話」、「福佬話」、「台語」。而在我們的學校裡只能講「國語」，也就是今日中共在大陸推行的「普通話」。

　　永遠不能忘記的是老師拿來的那幅大地圖，學習了大地圖之後，黑板上留有老師寫下同學們的祖籍統計。一下課，當老師捲好大地圖，離開教室走人後，教室內大哄大鬧，一片吵吵！安靜的教室突然變成我們撒野玩鬧的天地——好多男同學大喊大叫：「我將來要當山東省省長」、「我要當上海市長」、「我是重慶，我要回去弄個官當當」、「我是福建，我將來要做福建省的教育廳長」……雖然在地圖上我找不到銅山縣，而且也沒有其他同學祖籍是銅山縣，但那時我認真地以為，如果我當不了銅山縣縣長，當一個鄉長也行。

　　祖籍的話題延續到回家，我仍興高采烈地向爸爸講述我們對故鄉老家的認知，爸爸聽了，很高興；媽媽卻簡單地以當時的「閩南話」、後來的「台語」潑我們冷水：「反攻大陸當縣長，你的大頭啦！」

　　意思是「少做白日夢，趕快去讀書！」

二十二
不道德鳥籠的故事

　　現在想來，老爸晚年對畫眉鳥的偏愛，有許多無奈的原因和緣由吧。

　　一個最主要的原因是老來已不大能夠外出工作，而兒女們漸漸自立，他的生活壓力也小了許多。但他是位閒不住的老人，整天「搓麻」也不是個辦法，總得把老來的精力找個地兒「用用」。

　　因為工作，我已在外面居住，所以，老爸養畫眉鳥有幾年的歷史，我無從得知。

　　這期間，記憶深刻的事兒是老爸做成功的一樁「紅媒」，把我的小學同學、也是同住在合作新村巷尾的一個少女，介紹給我五舅做老婆，造成本來我見她直呼其名，後來卻需改稱「舅媽」的尷尬。這其中，也摻有老爸養畫眉鳥的一個「小插曲」。

　　五舅及五舅媽的訂婚喜餅是由三叔公操辦的，可能是那一年三叔公正值經濟危機、銀子緊縮、手頭拮据，訂親在下聘禮金等等一些細節，鬧得與親家雙方都不愉快。訂婚禮餅的包裝不精美也就算了，但餅皮粗澀乾硬難以下嚥，內餡也看不出是什麼佐料，一點也不誘惑吸引人，一大塊臺式椪餅只被咬了幾口就放著沒人碰，放久風乾了兼有「臭浦味」。後來，老爸乾脆把大餅丟進鐵盒，也就是養有千百萬隻鑽動蟲蟲的月餅鐵盒。那是肉食性

金頭紅眼蒼蠅下蛋所孵出來的蛆，等到一個月後，五舅的婚都結過了，喜餅乾燥得像鐵餅，也不見這些蟲蟲有消耗啃食。老爸見了，笑說「嗨！連蟲都不願吃，這種餅，也能餵人呀……」就把大餅從鐵盒拿出來丟了，還給了那些蟲蟲一些活動空間。

那一個多月裡，我沒去研究大餅為什麼不好吃，反倒是開始注意老爸都餵些什麼好料理給那些蟲蟲吃？或許你不會相信，這可不是我亂掰，蟲蟲吃的乾糧是以餵豬的大豆餅混上高檔乾蓮子，些許白芍，些許黃耆，以及其他我說不上來的中藥材，攪和在一起才製成的。一個小蟲蟲要吃這麼些莫名其妙的東西，讓我很吃驚，這些蟲蟲不就是拿來餵老爸的那只畫眉鳥的麼，居然要費這麼些功夫？

先前老爸餵養蟲蟲，家中室內自然有股悶騷味，再加上畫眉鳥鳥大便也不是馬上清除，弄得家裡更是有一股子怪味兒。可沒辦法，家裡老爸當家，清鳥大便又是媽媽的工作，媽媽沒說話、沒意見，誰又敢吭聲。

後來才知道，有朋友教老爸，只有給畫眉鳥餵食這種高檔飼料養起的蟲蟲，小鳥才會更快樂、更活潑、更雀躍也更感激，唱出來的歌曲就能美妙動聽、一鳴驚人。

想必是同一個鳥友教爸爸把一些珍貴中藥材混進給蟲蟲吃，但是否那一坨一坨的蟲蟲就會更快樂、更會鑽動、跳舞來感謝爸爸，就不得而知了。但這樣來餵蟲蟲，我們家客廳開始有股清香幽雅淡淡的中藥味兒，這好的味道壓過畫眉鳥的鳥糞味，也算是給家裡解決了一些「悶騷味」的問題，受到了我們小人兒的歡迎。

爸爸的那個鳥友傳授秘方是有科學根據的，是有中國傳統智慧。是不是真的，我不知道，但起碼我是這麼想的。

一九九五年已是大量臺灣工廠遷移大陸，這樣我才有了出國驗貨、見見世面的機會。

　　不記得是哪一年，在深圳的公辦完後有多餘的兩天，我就獨自跑去廣州晃一晃，參觀遊覽過哪些地方或有什麼心得，基本都不清楚了，要想說，都還得翻出當時的日記或老照片才能勾勒出我的晃一晃的軌跡。在模糊的記憶中有一件事情記得結實，我原本該去古董市場探索一番的，不知怎麼地一晃，就走進花鳥寵物市場，得到的「戰利品」就是買了一個殺價讓我殺得很凶的畫眉鳥鳥籠，帶回臺灣送給我老爸。買那個鳥籠事先沒有計畫，純粹是靈機一動，想要孝敬一下老爸爸。偏偏是廣州總在下雨，為了保護送給老爸的鳥籠，我還外加買了一把黑傘，好為那鳥籠遮風擋雨。

　　一手提著鳥籠，外撐一把傘，另一隻手提著我那沒帶輪子的行李箱，出關，進關，加上過天橋，上飛機，鳥籠不敢托運，為這還和機場櫃員狠狠地大吵了一架，終於得勝，拎著鳥籠上了飛機。這一路的折騰只體現了一件事：向親愛的老爸獻一份孝心。

　　當然是安全地把鳥籠帶回臺灣送給了爸爸，當然給了老爸一個意外的驚喜，而那把臨時買的大黑傘，卻被我丟在香港當愛心傘了。

　　老爸收到鳥籠，心裡很得意，立刻拎了出去展覽。

　　收到女兒孝敬的「原裝進口大陸畫眉鳥鳥籠」的訊息很快就聲名遠播。老爸的「鳥友」，更正確地說，他的「麻將牌友」湯伯伯專程打了一通電話給我，他問我鳥籠的名稱？我倒奇怪了？那不是就畫眉鳥鳥籠嘛？……他又問我價錢，我又怎麼好意思透露呢？

他又問我「怎麼沒順便買水杯飼料槽」？他還告訴我「奇怪了？臺灣賣的水杯飼料杯怎麼都扣不上去？」，「它的尺寸不合理！」湯伯伯的問題我都聽不懂，也不知道怎麼給他解釋，只能哼哼唧唧地應著。後來，湯伯伯又來電話說，下次去廣州幫他找找《畫眉鳥鑒識大全》一類的書。我應著，卻在想，湯伯伯您老人家兼職台中縣畫眉鳥協會會長，哪裡還需要看「廣州鳥市場」賣的雜書？難不成您「以鳥會友」個個都是吹牛皮的？並沒有多少實踐的知識？若是這樣，我得先買了孝敬我老爸，好讓我老爸吹牛不落人後。

他們這些老兵，一是老了閒的，二是吃飽沒事幹，專門研究小鳥單眼皮、雙眼皮，眉形上彎下俏，鼻毛鬍鬚多少及外張角度，羽毛豐裕否，有沒有脫毛掉毛……當然最重要，是在黑布罩掀開的那一刹那，鳥鳴旋律是否有起伏婉轉，是否有抑揚頓挫，轉音滑音是否有卡卡。當然也是彼此炫耀爭勝，看誰的畫眉鳥叫得最好聽。

因為這個鳥籠，老爸又交到許多新「鳥友」。在受不了會長湯伯伯的一再關說評點下，這鳥籠被老爸轉賣給另一位原我不認識的老兵伯伯。我知道後，承諾老爸，下次去廣州，我再去提件更高檔的。黑檀木、或紫檀木、還帶拋光的。老爸非常高興。因為那些老兵伯伯返鄉探親，卻從沒人想過買鳥籠帶回臺灣，也沒人有機會去廣州晃一晃。想必他們很羨慕我老爸有女兒願意辦這種「大事」。需知，在他們的養鳥休閒活動中，有一架獨特的鳥籠，那是非常得意且自豪的。何況，還是有心的孩子孝敬奉送的呢。

不料，約莫三個月後，廣州帶回來的鳥籠竟又退回給老爸了。退貨的原因不是水杯飼料杯掛不上，也不是鳥籠有瑕疵，退

貨的原因更不是因為鳥籠沒有黑布罩。

老爸指著鳥籠要我看看，我原先還以為要加緊檢查哪裡有沒有破損，哪裡有沒有刮傷？全不是。老爸說：「你看看，有兩個閘門開孔。」我一看，果然。咦，這鳥籠何以要兩個閘門開孔呢？我還沒想明白，老爸又說：「它有兩根棲木。」沒錯，這個我當時就注意了，我以為是可以讓畫眉兒跳上跳下呢。「這有什麼不對勁呢？」我聽不出個所以然，這學問在哪裡？就為了兩根棲木人家要退貨？

老爸的一句話才讓我「地動天驚」！

「你湯伯伯他們研究過了，說，這是一個鬥鳥鳥籠！」

媽耶。媽耶。我送我老爸一個「鬥鳥的籠子」？

「這兩根棲木一根架上方，一根架下方，兇狠打贏的鳥會霸佔上方，打輸的就站下方，再也不唱歌這鳥就毀了……」老爸帶衰的眼神，讓我感覺他就是那只戰敗的畫眉鳥。

我不作聲了。老爸。老爸。沒人叫您賣掉這只鳥籠啊！

這下好了。搞了三個月，研究出那是一隻鬥鳥鳥籠，退錢不打緊，還背負一個不道德的「封號」。勸說。又是湯伯伯來勸說。「退貨。退貨。你退給廣州。讓鳥們來打架。不道德。太不道德了。……」

去廣州退貨？我哪來的這份兒精神啊？拿回來費的那份精力已經夠我折騰了，為了退貨，我再去折騰一番對外關係？難怪湯伯伯說「尺寸不對」？難怪湯伯伯說「臺灣賣的水杯飼料杯怎麼都扣不上去」。這不是個養鳥的鳥籠，這只是個鬥鳥的鳥籠。九〇年代，榮民老兵玩畫眉鳥比賽，只唱歌，不賭博，更不鬥鳥。他們這輩子與天鬥，與地鬥，與小日本鬥，與共軍鬥，與命運鬥，鬥得他們都累了。周賢君呀周賢君，你孝敬你老爸的這一份

孝心，扔到爪哇島去也沒人會誇獎你耶！難怪湯伯伯當時那麼嚴肅地問我這鳥籠叫啥名稱呢。

「不道德的鳥籠。」老爸這麼說。我只能一聲不吭，並下了決心：老爸，你養你的畫眉鳥吧。姑娘我不陪您玩了。……

裝甲兵第一營第二連三十週年紀念 于台中公園

裝甲兵三十周年聚會照（周賢君站於最後排最中間）

第二年清明節老爸又回大陸探親，在回程之前我們例行性通一次電話，以確保一切按回程原定計畫進行。老爸也即將從賀樓出發到南京去搭機，在電話中老爸特別交代接機時帶個空鳥籠到機場去接他。「怎麼又是鳥籠？」我因上次的那只「鬥鳥鳥籠」心有怯意，不知道老爸何以又要我們帶只鳥籠去接機？那時國際電話費昂貴，老爸沒有說明為什麼必須帶個空鳥籠去接他就扣了電話。

我雖然一頭霧水，但聽話就是孝順，於是，趕快讓二弟準備了一隻非鬥鳥式的鳥籠，帶到機場去接他。

五天后，機場入境口走出來一位邋邋骯髒疲倦不堪的老人，正是我老爸，似乎被整得不似人樣。我嚇了一跳？這老爸，怎麼

回了一趟大陸，被摧殘成這個模樣回來了？好多的思念，好多的擔憂，好多的心疼。我想問問，是不是出了什麼事情？老爸卻只顧催著：快走。快走。快走。什麼話也不回答。於是，趕緊走去取車，扶老爸上車。

那一次是二弟從豐原帶著一個空鳥籠來桃園機場接機，我則是從臺北搭公車來會合。車一出機場上了公路，老爸長籲一口氣，馬上笑眯眯地從夾克口袋掏出一個小餅乾盒，小心的開了一個小縫：「啾，啾啾啾，啾啾……啾，啾啾啾，啾啾……」好美妙的鳥鳴啊！

原來，我老爸從大陸帶回了一隻漂亮畫眉鳥——如假包換的一隻小畫眉鳥——它的白眉眼線比埃及豔后的美妝彩繪更為漂亮，它的咖啡色羽毛比湯伯伯的那只冠軍畫眉更為豐滿，它的眼神充滿搭飛機到新地方的快樂與好奇，它也已經跟老爸建立了感情……乖乖，不要亂動，不要亂叫。幸好車內還有剩餘礦泉水，老爸緊急灌注鳥籠內的水杯，滿意地看著他心愛的新寵，忘記了他自己本身的疲憊邋遢。

我的老爸為了帶著這只故鄉的小鳥回臺灣，一星期沒刮鬍子，三天沒洗澡，我猜再加上一整月沒換襯衣、襪子，滿身惡臭。想想老爸竟為了一隻小鳥變得老奸巨猾，把自己搞成「臭老頭」，機場通關的員警懶得搜他的身，他才與小畫眉鳥兒「闖關成功」。真真是讓人驚訝。

我怨老爸太冒險了。二弟服過兵役，又很欣賞老爸這次「挑戰」，跳出來替老爸說話：「女人家懂什麼！這叫做偽裝！作戰訓練中有教的！……」老爸高興得哈哈大笑……

我沒跟著老爸回豐原，臨分手前又頂他一句：「老爸，這只鳥可不敢再賣了啊……」

　　老爸狠狠地瞪我一眼，只差沒揍人，他還記得我送給他的那個「不道德鳥籠」。

　　帶回這只小畫眉鳥，老爸又可以與湯伯伯他們的鳥友大談「養鳥經」了。

　　何況，這是一隻「大陸來的畫眉鳥」，他們盡可品賞、評點。

二十三
老爸是個「終身車長」

　　這兩年在整理老爸的資料，赫然發現他從軍二十二年，卻從來沒有上過戰場，這與一般臺灣人對「老芋仔」的既定印象有很大出入。

　　連我也很驚訝。記得小時候問過父親：「爸爸，你殺過共匪嗎？」他回答：「當然有啊。那些共產黨都是土匪，殺人放火、燒殺擄掠，讓大陸同胞陷在水深火熱之中，吃樹葉、啃樹皮的啊……」老爸說的話，跟課本上一樣，抑揚頓挫都不差分毫，讓我覺得爸爸好偉大啊。

　　不過大部分的時候，父親一提到大陸老家和部隊相關的陳年往事，我們就嫌他嘮嘮叨叨紛紛閃人，直到媽媽喊「吃飯了。」大家才出現。

　　老爸晚年時，臺灣媒體充斥著許多抹黑、分化族群的選舉言論，上至總統選舉，下至村里長選舉，在這些惡鬥裡，這些「沒死的」老兵頓時變成社會的累贅、意識鬥爭的物件，因此老爸絕口不再提他的外省情節。再加上社會上詐騙伎倆層出不窮，家裡也接過好幾次詐騙電話，讓患上老年癡呆症的父親以為，只要一踏出家門就會被本省人毆打，聽到電話鈴聲，就以為是來索命要錢的。

　　老爸過世以後，我對他從軍的那段經歷，增加了許多興趣。

我邊收集邊整理邊想，如果自己對父親的軍事背景都不甚瞭解，怎能苛求現在的臺灣人不給凋零的「老芋仔」們一點點同情的掌聲呢？

不知道為什麼，我十分在意老爸沒打過仗這件事。

我問過媽媽，為什麼老爸沒上過戰場，連八二三炮戰如此重要的戰役，他也沒參加。媽媽其實也不知道，回答不上，只好說若他去打仗了，我們鐵定成為孤兒寡母這類的話。媽媽也不懂得，我的困惑卻沒放棄，轉向老爸的袍澤──我的姨丈，以及對我很好的叔叔、伯伯們問起。

「哎呀，打仗哪有那麼簡單的！……那是一個專制的時代啊！……軍人賣命給國家，小兵不可結婚，擁有特別技術的阿兵哥不滿二十八歲也別想討媳婦。我們當時所屬的清泉崗裝甲兵部隊戰車營，你爸是車長，能開戰車、坦克車、裝甲車。金門八二三炮戰還輪不到我們上場。金門太小了，當時我們全副武裝是要防守主戰場臺灣的。……」

姨丈花白的頭髮、灰色的眼神，帶我進入塵封已久的往事。一般而言，老生不願意長談，後生也少人有興趣。因此許許多多的記憶如一張一張幻燈片閃過，似乎記得，又不確定。經過了許多人的回憶拼湊，我終於得到老爸的從軍歷史……

我的老爸是坦克車長

當時老爸的官階是車長。

別以為這官是迷你的小，二次世界大戰後，美援的裝甲車坦克車豈是人人都會操作、保養、修理的？難不成山姆大叔會派人駐地技術指導？考考師長、營長、連長、排長，肯定連駕駛操

作都是不會的。但第一線小兵卻是什麼都得會，老爸以前常說：「軍人除了不會懷孕，什麼都得會！」

民國三十七年（一九四八年），在無錫受訓的戰車營第一營收到命令，將在上海接收一批美援的裝甲車，事後的資料顯示那可能是二十二輛M5A1裝甲車。根據官方說法，有一批戰車因為「程序錯誤」不小心被送到臺灣，因此中央又指派戰車營其中一個排約三十名弟兄，搭乘「中鼎號」軍艦前往臺灣裝配戰車。父親是其中之一。

這一去，就再也沒有回來。

事實上，徐蚌會戰前，國民政府就已經決定撤退，祕密運送了故宮國寶文物、黃金白銀、重要檔資料和重裝備攻防武器到臺灣。當然，這極機密的文件命令除了極少數人和故宮人員外，沒人知道。軍人以服從命令為天職，當兵就是聽命行事，隨行官兵們以為這趟任務個把個月就回來了，不知道那載運故宮文物及軍人的「中鼎號」軍艦就是遷往臺灣的第一批。

當時二十三歲的父親是上船的其中一人，獨立戰車營第二連的一個大兵，於民國三十七年（一九四八年）十二月二十六日踏上臺灣的土地，由基隆港上岸。

據姨丈口述，來年一月，戰車營官兵又有一千人左右及二十餘部戰車，搭「中興輪」抵達臺灣。不確定這艘船艦是否也運送故宮文物？但當兵的都知道，貨輪上鐵定有木頭裝箱的政府重要文物。這艘兵艦，人很多，東西滿載；登陸艇開口很大，卡車、吉普車、裝甲車都能開進去。

剛抵達臺灣的戰車營大兵，落腳於台中西屯。那時清泉崗基地只是黃土一片，什麼也沒有。夜宿帳篷，日曬太陽，後遇颱風大雨天，才移師到附近學校（台中高工），借用了人家學生們

的操場及教室。那時候也沒有週末或輪休日，只有日以繼夜的操練。戰車營編制共有五連，第一、二、三連為戰鬥連，第四、五連為後勤補給連，另有配屬戰車營的第一保養中隊及醫藥衛生連。

我想像過那個國家亂、社會亂、軍隊亂、百姓也亂的時代，腦海中閃過一大群人失落的眼神，他們無法隨同登上艦艇，哭泣著向船上的人揮手道珍重再見。上船的人則搞不清將被帶到何方，看著眼前廣闊不見邊際的大海，背後是他們浴血抗戰多年又持續內戰的蕭條家園，在盈滿淚水的眼眶中，最後一眸的神州也漸漸看不清了。

無牙拱背臺灣眼鏡蛇「空殼車長」

民國三十八年（一九四九年）十月二十五日的古寧頭大捷，也就是影響深遠金門戰役。想要「解放金門」的共軍被國軍迎面痛擊。這場金門戰役雙方傷亡相當，死傷合計兩萬多人。但國軍這方面因為是在一敗如泄的情況下阻止了共軍前進的步伐，便揚言「幾十萬大軍士氣大振，隨時準備反攻。」其實逃到臺灣的國軍們都是驚魂未定，神經緊繃，惶惶噩噩，不知道命運的小舢下一步漂向何方，身為車長的老爸就是其中之一。他們聽憑國軍指揮，隨時準備出戰——以保衛國家，保障我們小老百姓能在家安心熟睡。只不過我這個「小小老百姓」那時候還不知道在何處飄遊？我後來的老爸參不參戰，我可是一點兒也不知道。

當時有十三輛「保家衛國」的戰車，被蔣公封為「金門之熊」，十輛分屬在第一連，三輛在第三連，老爸所在的第二連卻沒有出現在古寧頭戰役。為什麼？軍史館的文獻資料只簡單以

「第二連沒有戰備武器」解釋。事實上,當時的第二連分明有九輛戰車麼,怎能稱之「沒有戰備」?

查閱諸多資料與訪問叔叔、伯伯後,我才瞭解到這「九輛戰車」是虛張聲勢的。

資料顯示,在上海接收的幾十輛美式戰車,其實為二戰後廢棄品,擱置在菲律賓叢林中日曬雨淋,精密裝備大多已被美軍拆走,剩下的次級裝備被菲律賓當局拆的拆、賣的賣,大概也沒剩多少了。這就是臺灣當年接收到的「美援戰車」的真相。這些廢棄品抵台後,在戰車營保養中隊的拆卸、拼裝下,這批沒有炮管、油箱、蓋板、儀器,電路也沒配的淘汰戰車,竟然在幾個月就拼裝成十三輛「具有戰鬥力」的戰車,被送往金門服役。留給第二連弟兄的是九輛虛有其表的戰車車殼。

金門戰役爆發之時,國軍在台的軍力十分空虛,為了安定民心,就讓戰車營第二連及所屬的九部戰車,駐台進入戰備狀態,只是沒人曉得這些戰車都受過宮刑,被拔了毒牙。蔣公將古寧頭戰役那十三部戰車封作「金門之熊」,我也封這九部戰車為「無牙的拱背臺灣眼鏡蛇」,記得小時候父親帶我們去清泉崗找老長官時,就曾抱我爬進那些裡面空無一物的報廢老傢伙,我爬上爬下的戰車殼,應該就是那一批「美援」的M5A1戰車。

共軍金門遭創,並憚於美國軍的恐懼,不敢貿然再次進擊。國軍一息苟存,便虛張聲勢力求戰局穩定,以便東山再起。美國則揣著賺來的黃金,頂著援台的榮耀,坐看國共兩軍鷸蚌對峙。蔣公明明吃了虧,卻只能默認倒楣。向美國買的二十二輛戰車,最後只拼裝成十三輛可用,還得向美國高呼致謝——那時國軍的處境是如此艱困與可笑,怪不得老爸沒有被參戰,只做了一個「無牙拱背臺灣眼鏡蛇」空殼車長。

🎞 老爸當了「計程車長」

在我五、六歲的時候，老爸退役了。

當年退役的「榮譽國民」，想要就業的有「榮民輔導會」輔導：不識字沒專長的就到學校當工友、燒開水掃地；單身無家累的就到梨山當山大王，種蘋果、梨子和高麗菜；而有一技之長的則可考慮加入有穩定收入的「榮工處」，開砂石車、預拌水泥車、起重機等，還可以參與建造中山高速公路、石門、曾文水庫、中橫等大型工程。

身為開坦克車的車長，我老爸擁有許多不同駕照，卻沒有接受上述任何選項。

蓋因要照顧四個有如蝗蟲過境般吃得多，以及像傑克的魔豆般長得快的小毛頭。多年當兵，他知道我媽媽的累。好不容易退役了，再離妻別子地去老遠處打工，享受不到一點兒家庭的溫馨，老爸也不願意。所以，老爸選擇用退伍津貼兩萬五千元——還不是一次領——買了一部十五年的老爺二手車，投靠車行，在台中開計程車，成了自己管自己的「計程車長」。

六〇年代經濟不如現在富裕，有能力搭計程車的也不多，我爸的老爺車又受人鄙視，常被強扣車資，還有人揮手搭車，車一停看司機是「老芋仔」，不說原因就揮手不搭了。老爸那時始終不瞭解外省人壞在哪兒，怎麼那麼不為本省人抬見？其實他不懂，「臺灣老兵」在臺灣，也是受人歧視的。

那個年代臺灣人常以「那些外來的」，或者「長嘴管的」、「咬橘子的」（臺灣的罵人話。暗喻為「豬」）來嘲笑像我老爸這些外省仔。說起是「唐山來的」就算是好聽的了。

用服役二十二年退伍金買的中古計乘車,車前左到右依次為妹妹、二弟及堂弟

在台中火車站前,有台中幫、南投幫的角頭,我老爸識趣地知道排班不會有他的份。在台中市區開車繞開那些地區,白天繞著繞著就常常繞到麻將桌上(沒活可做,他去搓麻賭小錢),晚上就跑去清泉崗美軍基地。老爸也是能吐個幾句英文的小美國通,只許他美國佬明目張膽用些廢鐵坑咱國軍大把黃金,就不許咱小百姓憑苦力去賺他美國兵幾個小錢麼?老爸知道哪裡半夜可以等到美國大兵的加倍小費,哪家店有漂亮美眉、哪家酒吧有「拉霸」、哪邊美元能夠換台幣等等。

聽起來似乎老爸也摸出了計程車經營的門道,但是卻常常賺得不夠賠賭債。所以,我老爸的這個「計程車長」並沒有當幾年。

「水煎包推車車長」

歲月有變。

自從尼克森訪毛澤東，「花生米」卡特又比較「親中」，隨著政治局勢改變，美軍陸續離台，老爸的計程車生意就一落千丈。開車的那點兒收入不夠投靠車行費、汽車稅、加油錢，他只好少換輪胎、自己換火星塞、叫我們小孩子去洗汽車……就這樣省身減力，計程車的收入也難以養家。老爸並不肯服輸，他另外訂製一輛兩輪的手推車，準備了一大口不銹鋼煎鍋，兼差凌晨賣起水煎包。

老爸的水煎包不是蓋的！人家用蝦米，他用蝦仁；人家用雲林高麗菜，他用脆甜的梨山高麗菜；人家意思意思灑些沙拉油，他則重重灑上精選黑芝麻油；人家的包子是媽媽拳頭小，他的是爸爸拳頭大……

凌晨在豐原果菜批發市場，我老爸成了「水煎包手推車的車長」。

只是，這位「車長」啊，心太善，太好說話了。他推著手推車，支起攤子賣水煎包，生意是出奇地好，批發市場人來熙往，老老少少都來吃他的水煎包子。忙了六七小時，賺了幾十塊，好多人總是說「老爹，包子好吃耶！我身上沒零錢，先欠著的。」

老爸聽了誇讚，心裡挺美，稀里糊塗地點頭讓人家欠著。這些人來無影，去無蹤，這一欠、兩欠、三欠的，讓他不到兩星期生意就掛了。

生意仔，難養！

終於，老爸又做了「大卡車車長」

小家難養必須養，生意難做也得做。老爸為了謀生路，掙點兒錢，可謂費盡了心思。

他賣了計程車和水煎包車，又買了一部十五噸大卡車，坦克都開過了，大卡車自然不在話下。老爸在台中港排了班，開始載運玉米及黃豆。一開始活路還好，老爸回到家就讓媽媽「數錢」。卻不想，又是沒有多長時間，謠傳中共派遣匪諜在全省各地裝鬼嚇人、擾亂民心，政府遂關閉台中港抓鬼，老爸頓時又失業。

再失業也必須幹活掙錢啊！老爸只好開著大卡車去梨山、雲彰一帶運載蔬果。

西瓜、冬瓜、鳳梨一粒一粒搬，大白菜、番茄、蘿蔔一簍一簍裝。那時候沒有手推車，更別談起重機，工作安全方面也沒有所謂的職業傷害賠償。我那在西螺西瓜田上曬得一身古銅色健康膚色的老爸，在梨山收高麗菜時，從卡車上摔了下來，傷了髖骨，必須養傷治療。老爸只得賣掉大卡車，再次失業了。

那時候他五十三歲，四個孩子都還在念高中或國中，回到家個個衣來伸手、飯來張口，好像也沒有人注意這受挫無數的老爸，正在飽受他的中年危機的煎熬。

現在回想起來，心裡陣陣發涼！

我們，是多麼不懂事啊！

不懂得大人們的操勞，不懂得人生的辛苦，不懂得一個從大陸被迫來臺灣的老兵，拚命的、努力的、無奈的掙扎。

最後的「電影宣傳車車長」

男子漢能屈能伸，傷癒後老爸又重操開車的舊業。但是這次他多了點「文藝」色彩。

每天十小時，駕駛豐中戲院的電影車，在豐原市區大街小巷來回穿梭，頭頂上放送著九百分貝的電影廣告歌曲，看到電線桿、圍牆或校門口，老爸就停車上前，刷上一道麵粉糊，貼上一張海報，再回到那電影音樂大聲到讓人精神分裂的廣告車上——可不能關小呢，這是電影音樂廣告——開著音樂，開著車，下一個柱子或是門口又到了……

開計程車、推車賣水煎包、開載滿水果的大卡車、開電影宣傳車，我這堂堂坦克車長的老爸，在時代變遷下，為了養活他在臺灣建成的這個小家，拋開他周氏大戶人家的出身與尊嚴，再低下的職業都不棄嫌。當然，他這「車長」職業的變換，也讓他深深地讀懂了臺灣。

開了電影宣傳車後，有一次，爸爸想辦法弄到了兩張《搭錯車》的電影票——主題曲就是紅遍一峽兩岸的《酒矸倘賣無》——而且是有座位的票喔！當時戲院不清場、不劃位，很多人都會連續看兩場，即使找不到位置坐，也心甘情願站著看。只要一部戲賣座，戲院內兩側及後面就是站著滿滿的人，《搭錯車》就是這樣的一部戲。

老爸心疼我這個大女兒，把票陪著我一起看。我心情好激動哎！

看完戲，我和老爸各自默默地掉了很多眼淚……

猜想著老爸要我看這場戲，難道有特殊用意？難道他病了

嗎？我怯生生的試問他。

「無聊！」老爸捲起電影海報賞我一棍，「走，吃冰去！」

戲院外的雞蛋冰，綿密滑溜，入口即化，有著無法形容的香草、乳奶味，還帶著似有若無的蛋香味。用小木匙挖上一口冰品嚐，就像在仲夏夜裡晚風輕拂，公主的睫毛低垂，害羞地與王子雙唇輕碰，那種淡淡的、甜甜的、清涼的感覺哦……

雖然是一場感人的電影，觀看時也拚命飆淚，但電影結束後，隨著一杯雞蛋冰，我的思緒又飄回到我老爸的這位「車長」的人生況味上來了。這位老爸，終生都在當「車長」，只是這「車長」當得「酸甜鹹辣苦」，五味俱全哪！……而我這個不省事的、自以為是「小姐」的苦孩子，這幾天正在閱讀翻譯的愛情小說，構思起王子與公主的浪漫情節，哪裡真正想過我的坎坷辛苦的老爸這辛苦坎坷的一生啊！……又哪裡可曾理會我遠在大陸的夢月哥可曾有過這吃冰的妙曼幸福感覺……

我的冰快化了，老爸的冰卻早已下肚，正在廣告車上傻乎乎地瞪眼看我，不知道他老人家看我的時候，心裡在想著些什麼……

二十四
老兵給我的嫁妝

「賢君啊！伯伯給的金子，再窮都不能賣。你要記好啊
……」

這句話每兩三年，就要聽父親叮囑一次。

我有一條金鍊子，非常重，戴起來不舒服。我三十三歲還沒
出閣，父母催婚催得厲害，廣徵未婚俊男，多處托親拜友，只有
一件事：「要求我趕緊嫁人。」好像我若再不嫁做人婦，就一定
會要送進故宮當「古董」了。

八字還沒一撇，楊伯伯聽到訊息，也不管消息正確不正確，
就幫我準備嫁妝，給了我這一條很重很重的金鍊子。

人沒有嫁出去，卻收了一條沉甸甸的金鍊子，說不上興奮，
也說不上不興奮。但小貪心的我，三不五時會拿出來看一看，查
查銀樓黃金牌價，計算機按一按，算算我的私人財富。

人在天天變大，金價天天看漲。

真正等到三十八歲結婚時，父親最重要的叮嚀就是這句話：
「賢君啊！伯伯給的金子，再窮都不能賣。你要記好啊……」

「為什麼楊伯伯要為我準備嫁妝？為什麼？」一條項鍊跟了
我已經五年，直到結婚前才去問媽媽，為什麼楊伯伯給我那麼一
條這麼貴重的金項鍊？

「小時候你叫他爸爸啊。給一顆糖塞在嘴裡就給抱，他還教一聲，你就叫一聲，叫爸爸呢……」

伯伯楊壽昆是山東棗莊人，一九二六年生。

剩餘的故事都是媽媽告訴我的。

我出生在台中清泉崗秀林村，這是台灣幾百個眷村當中的一個。眷村就挨著戰車基地營區，父親早晚都可以回家看一看。但實際上軍人不可離營辦私事，否則就會依軍法處置。不過那時候，已不是戰爭時期，兩岸對立只是喊喊口號而已，金門打炮已習以為常，誰也不會傷著誰，倒像是兩兄弟彼此打招呼似的。所以，父親開吉普車外出接送長官，也就常常溜回家裡晃晃。

楊伯伯在我出生時就因酗酒滋事而遭勒令退伍。雖然是個退伍的老兵，楊伯伯卻是一輩子住在清泉崗營區內，正確地說是住在軍事基地旁邊自己加蓋的違章建築裡。老光棍自求謀生，只要不影響軍事基地作業，營長睜一隻眼閉一隻眼，漸漸違章建築變成一大片，也就是退伍的老兵捱著軍營營區繼續生活的人數很多，挨著軍營營區繼續建起違章的建築也很多。軍營營長根本無法處理，只好等這些跟著黨國「打過日寇，抗過共匪，卻依然光棍一條」的老兵們慢慢凋零，霸佔的違章建築就會一一拆除，而收歸國有了。

退伍老兵們的現實生存狀態，是個非常無奈而且嚴酷的現實。

我出生那年，父母存了一些錢與楊伯伯共同經營養雞場，養雞場有三千隻雞。厲害吧！

雞場就在軍營的空地裡，我曾胡思亂想過，會不會是養雞場掩護了附近的戰車，所以軍營營長開了「綠燈」？搞不好這就是軍事作戰的虛虛實實、遮遮掩掩的戰略戰術呢……當然，這是亂

想而已。媽媽說，養雞場在冬天時需要點燈用電給小雞取暖。媽媽說，全都是偷電麼。要不，誰能付得起那電費？媽媽說，電力公司巡查員定時會來檢查，村子口有人喊：「巡電嘍！……」媽媽就將小嬰兒的我，丟給楊伯伯抱，讓他去跟巡電員哼哈哼哈應付幾句，媽媽則趕緊跑去拉掉電線，隱藏接線頭。

「為什麼不是你抱著我去聊天。讓伯伯去拉電線？你拉電線，多危險啊？」我問。

「你傻耶！他們都講外省話的背景？我哪裡會講？」媽媽說。

看來媽媽這個本地人也有向外省人露怯的時候呢，呵呵。

雖然父親三不五時會溜回來幫忙養雞，但實際的全時工作是媽媽餵早場，楊伯伯餵晚場以及清理打掃雞舍。這個分工挺合理，問題出在楊伯伯單身無拘無束、無人控管，天天喝酒，常常醉倒睡在雞舍，酒醉胡言亂語沒人拿他有辦法。媽媽只得再跑回營區基地喊回爸爸，讓爸爸把老楊伯伯拖回營區澡堂，洗去全身的臭雞屎。營區給軍人用的澡堂沒熱水，冷冰冰的水，大盆大盆潑在楊伯伯身上，激醒他，好讓他回到那違建的屋子裡去休息。可有時候還是叫不醒他，涼水潑了一盆又一盆，楊伯伯時醉時醒，還高叫：快潑水耶！快潑水耶！……然後，依然昏醉。難怪會被部隊開除。

「你小時候不怕生，每個軍人都搶著抱。嘟嘟親親。」媽媽說。

「我哪裡懂事耶？記都沒有記的。」我搶白媽媽。

「哼。給一顆糖塞在嘴裡就給抱，還叫爸爸了……」媽媽的口吻其實是嘲笑我的。

想像我小時候叫楊伯伯爸爸時，楊伯伯一定是想念自己遺留在大陸的兩歲女兒。

想像我小時候慢慢學走路時，楊伯伯扶著怕我跌倒，也一定是他回想起自己跌倒的女兒號啕大哭的模樣。當然他也一定回想起他自己的女兒在他懷抱中睡著的可愛純真模樣。……小嬰兒九月萌牙發燒哭鬧，楊爸爸簡單遞給半個山東燒餅，燒餅既是安全玩具又可以讓小嬰兒磨牙啃食。顯然，楊伯伯是養過孩子的唷。是的，伯伯不是假裝眼前的嬰兒是自己的女兒，雖然思念在大陸的女兒是一種痛，但慢慢忘記女兒的模樣讓伯伯更痛，更慌恐。這讓我手撫金項鍊時別有一番滋味在心頭……我無法知道我嬰兒時期的成長模樣，但楊爸爸一定都記得；我無法記得那時的小嬰兒和楊爸爸是如何親昵的，但楊爸爸也一定都記得。楊伯伯如何幫忙照顧我，都還是要靠媽媽來轉述，伯伯買給我的無數件小襯衫、小玩具的記憶都很零散，無法串成一筆寫得出來的回憶。但有一個聲音我記憶深刻，那是楊伯伯的口頭禪「他媽的逼！」一輩子成長過程中都被教育這是一句髒話，不可學，不可講。但我成長的世界裡，大家又都默認榮民老兵可以講，可能罵的。那只是口頭禪，不是在罵人，是他們的一種發洩，一種歎息。沒關係。

　　以前住的巷子，前頭有講「馬個比」，後頭也有講「他媽的逼」。也就是到處都有外省軍人。我就是在這個軍人的生活圈中長大的。現在只有去榮民養老院才有機會聽到這口頭禪。也許，再過幾年，榮民老兵青煙雲散，就不會有人使用這種宣洩語言了。

　　楊伯伯講話神情我還清晰記得。楊伯伯的那句口頭禪更是深深的耕植在我心田。我想像楊爸爸抱著我、哄我快睡，一定是「他媽的逼」對著幾千隻雞，命令它們不要嘰嘰呱呱亂叫。嬰兒餓了，「他媽的逼」那個小君君的媽媽買菜、洗衣怎麼要那麼

久？嬰兒聽多了楊爸爸的口頭禪，嬰兒知道楊爸爸很著急，楊爸爸疼嬰兒，嬰兒有安全感……是的。小嬰兒聽楊爸爸的「他媽的逼」有安全感，那個聲音深深地耕植在小嬰兒的心田裡。

　　楊伯伯在去世前回山東探親兩次，都沒有找到他失散的父母、兄弟姊妹、妻子及女兒。

　　在楊伯伯加入國軍徐州戰車營時，長女兩歲，牙牙學語，剛會走路。以前聽父親與楊伯伯聊天、聊家鄉的事，我都感覺很無趣，再聊都是那些廢話。我只管吃我的糖、看我的電視。當伯伯給我金鍊子，雖喜歡金鍊子的「金錢」價值，但卻討厭他也管我的閒事，連他也要逼迫我趕快找人出嫁。我依稀還記得伯伯說過：「賣掉一些舊金，換一條符合潮流的飾金給你當嫁妝……」當時我真的不懂伯伯的深意，不懂伯伯的心思。伯伯自從退伍後，不管他做什麼生意，做什麼工作，只要有存錢就買金子放；只要一缺錢，就賣金子花。伯伯頸椎長了一顆拳頭大惡性腫瘤，腫瘤壓迫神經而常劇烈頭痛，所以他更加酗酒。伯伯自知不久于人世，在台又孤苦無依，毫無託付。於是，伯伯買了三條金鍊子向我們說告別，一條送給我，兩條送給我中和的姨丈及另一位老兵戰友。

　　記得楊伯伯遞給我這條項鍊時說：「賢君啊。楊爸爸一生的團圓夢都化成泡沫了……」

　　他說這話的聲音是那麼輕淡，輕淡得如夢幻也似地抓不住。沒有山東人大嗓門、豪爽、直率又加強語氣地把泡沫那幾個字大聲講出來，更沒有了「他媽的逼」。可已經三十三歲的我，傻呼呼地接受這條沉甸甸的金子，那時只在乎保單上寫的金子重量，急忙去感受金子在手中的感覺，很沉、很實、很高興，在鏡子前

照了又照，絲毫沒想到，看著我、疼著我長大的楊爸爸，那時候心中的灰……

現在想想，我好虛浮，好不懂事，連一句安慰伯伯的話都沒有。應該是加重地傷了楊爸爸已經灰了的心了。

楊伯伯送我的金項鍊，由七顆金紐、三十環金鎖串成

而今，我也五十多歲了，手上這一條金鍊子一直珍存。名家設計的手工費只值幾千塊，純金重量卻可以折現幾萬塊，但楊伯伯的心願該如何去計算，去體味呢？伯伯把心願化成七個金鈕扣，我想他一定從誰那裡知曉了那首幾乎與他一起誕生的《七子之歌》吧，如今這首詩已被改編成歌曲，在世界華人界廣為傳唱……

　　我們是東海捧出的珍珠一串，
　　琉球是我的群弟，我就是臺灣。
　　我胸中還氤氳著鄭氏的英魂，
　　精忠的赤血點染了我的家傳。

　　母親，酷炎的夏日要曬死我了，

　　賜我個號令，我還能背城一戰。

　　母親！我要回來，母親！

　　只是，只是聞一多先生如今未竟的事業，也像楊伯伯至死無家可回的遺憾，凝固在那條金鍊子上「像極了一串意味深長的省略號」的三十個金鎖環中去了……

　　楊伯伯的後事是父親及弟弟幫忙完成的。

　　父親沒有明確讓我知道楊伯伯何時去世或後事怎麼處理。那時我也忒無情，即使知道，也不會特地從臺北趕回台中參加他的葬禮，再喊他一聲爸爸，替他在大陸的女兒盡一點孝道。

　　兩小時的車程而已，我當時卻是做不到。我太慚愧，真的太慚愧了！

　　人生走了半百，才深深體會了楊伯伯的心願變成泡沫的苦。人生走了半百，才感受到伯伯選這一條金飾的用意。金項鍊已不再是一個裝扮飾物，金項鍊是楊伯伯想家、想團圓、想親人的所有心願化成泡沫的象徵。

　　我再也沒辦法、沒有心情、沒有資格佩帶這條金項鍊。

　　只期望有一天，能找到楊伯伯在大陸的女兒或是親人，金鍊子我要還給她，楊伯伯的故事我也要講述給楊姊姊知道！

二十五
香港赤鱲角機場上瞎跑的老兵

「回家鄉的路，老命折半條。」——臺灣老兵的民謠。

一九八九年九月隨父親返鄉探親，我們的行程是從臺灣桃園機場飛香港啟德機場，在香港短暫停留三天，辦理臺胞證兼買免稅物品，也就是所謂的「三大件、五小件」，三大件指電視、冰箱、摩托車，而五小件則指電鍋、電熨斗、吹風機、時鐘、手錶等小家電。

那時的我因為業務關係經常飛來飛去，如果是搭長程飛機，我喜歡走道的位置，出入方便上廁所不須抱歉借過那狹小的空間。如果是搭短程線去香港、澳門，則我喜歡選在靠窗戶的位置。從飛機上看香港、看澳門，你能深深感覺歷史在那小小的島嶼上留下的見證，見證的結果就是累積越來越多的方塊建築，留下越來越少的綠地空間，逼得人人在那些方塊建築間來匆匆去匆匆……下飛機後，我也會加入這匆匆人潮，變為那塊小島嶼，那塊中國南方那個文明城市的匆匆過客……多少千千、萬萬、億億的過客在這丁點小地方留下腳印、留下足跡、留下夢想與希冀……而這千萬億的過客入出口站便是啟德機場。

香港啟德機場在一九二五年就投入使用，異常繁忙，卻小得可愛，小到讓匆匆的過客一點也不害怕，因為機場太小，航空櫃檯人員以最快的速度把旅客運送出去，不讓巨大的客流在機場

產生任何滯留現象。但對於一向路癡的我而言，啟德機場還是太大，直到兩三年後，幾經啟德機場入出境，我才熟練搞清楚哪兒是報到櫃檯，如何通關，如何找到登機口，剩餘時間才敢去逛逛香港的免稅商店。

　　一九九八年七月，香港用來替代啟德機場的「赤鱲角新機場」啟用，啟德機場走入歷史。以前我大約使用過啟德機場三十次，而赤鱲角機場自完成後至今我才經過大約四、五次，最主要原因為二〇〇〇千禧年我移居丹麥，就幾乎沒有機會過境香港，少用新機場的原因二為兩岸直航後，不需要再去香港轉機進入內陸，兩岸直航更方便了。但赤鱲角機場仍給我留下了巨大的震撼。

　　赤鱲角機場給我印象最深刻的是一九九八年十一月的初次入境。那時的新機場剛剛啟用三個多月，從一九九一年開建，到一九九七年回歸祖國，再到一九九八年七月啟用，僅用了八年時間。由於港英政府在新機場當初的選址、跑道設計、航線規劃等方面都沒有與中國大陸方進行溝通與磋商，且在工程品質、建設進度、成本預算與債務責任上出爾反爾，留下隱患重重，導致赤鱲角機場營運初期出現諸多問題……比如經常會遇到電腦系統不完善導致客運班機資料無法顯示，或者行李辨識系統失靈造成行李堆積成山的情況。當我每每從電視新聞看到這些訊息，都會替新機場的電腦系統工程師捏把冷汗，那壓力得多大呀！……後來還有次，正好碰上電腦系統出現故障，我便親睹了貨運大樓裡面一輩子也難忘的慘狀畫面——幾公噸的冷凍魚貨放在香港機場三天無法上機、無法出口日本，那是我愛吃的生魚片，從南非來的大鮪魚，卡在香港機場變成臭鮪魚，香港夏天的平均溫度可是三十五度呀！

　　那時候還不知曉赤鱲角機場曲折而艱難的出身。只知道初

到赤鱲角機場，便被它那遠超啟德機場的巨大、超大、偉大的氣勢所震驚，現在回憶起來，仍心有激動，倍生感慨……總面積一二四八公頃，是啟德機場三七倍！客運大樓建築面積五一萬平方米，是啟德機場的七‧七倍，相當於七〇多個足球場呢！據說這新機場總耗資一六三〇億人民幣，有四分之三還是填海而成！而當時像我的夢月哥這樣的大陸普通農民，每年均收入也不過二〇〇〇元左右。

香港赤鱲角機場鳥瞰圖

　　赤鱲角？……初見這個機場的名字還感覺好生奇怪呢。那明亮、高聳、寬敞、似乎有很多白色造景海鷗在飛翔的機場大廳裡，那些來自世界各地的免稅與奢侈品店，像眨著曖昧眼睛的仙宇幻境，更增加了這份新奇之下的神祕感。讓人不僅震撼，且流連忘返，且感歎連連……當時我便決定回程時也要提早報到，要好好逛一逛這個龐然大機場。

　　從東莞辦完事回到香港再轉進新機場，我多預留了很多時間，如平常進入機場內的華航貴賓廳……那時候，我是華航的忠實會員，即使機票稍貴幾百元，我都堅持搭乘華航的班機，目的只有一個，要取得華航的金卡會員卡，好進入貴賓室。其他細節

的優惠不談,有了金卡,在與女朋友、女同學交往中,有意無意地秀出皮夾內的華航金卡,說話聊天時談到旅遊時,順帶一提貴賓廳內的「台南擔仔麵」很地道,用這樣的方式顯示我算是混得很不錯、很襯頭,極大地滿足了自己小小的「虛榮心」,典型的都市貴族女人情結。

我在貴賓廳裡晃蕩了一下、欣賞貴賓廳內豪華的裝潢擺設、再去餐台拿一瓶養樂多及一個叉燒包,就走出貴賓廳,華航貴賓廳人員顯示出驚訝的表情:人家求之不得進入貴賓廳,我卻只待了五分鐘就走人?其實她哪裡知道免稅商店更吸引我,我是急著想去逛呢。

免稅商店分散在機場的各個候機區塊裡,旁邊不遠都有按牌號順序的登機門,這設計似乎是使旅客在登機前都有機會再掏錢買東西,好貢獻給香港新機場吧。五光十色的奢侈品買不起、看不完,只歎口袋很淺,信用卡一刷就會爆,哀歎到哪兒去找個有錢的老公……想想只逛不買、時間又很多,就讓眼睛享享「福」吧。閒哉悠哉間,前方突然跑來一位老先生,抓住我的手腕及公事包,大喊「新東陽,新東陽,西安登機門怎麼走?……」

我一愣,認出他是我生命故事中眾多「臺灣老兵」中的一位,老先生獨自突破入出境的重重關卡,櫃檯報到、行李檢查、證照查驗,而現在……應該說在他抓住我、找到我的已過去的二十分鐘裡,機場出境廳的廣播一直持續,「旅客×××,請立刻到十九號登機口,飛機就要起飛了……」此刻,那一個港音中文,那一個「洋涇濱」中文的廣播我也聽到了,瞬間感受到伯伯的緊張,真的是時間緊迫呢!

伯伯把他整把的證件全押給我,我還要從混亂的證件護照、臺胞證、機票、行程表再找出登機證,找到登機關口及登機時

間。我立刻拿出公辦的速度與語氣:「伯伯,時間夠,你跟著我。」但伯伯不願跟著我,他指著剛才跑過來的那個方向,說是有其他旅客指引過的。

我知道伯伯誤會了我的意思,一邊指著登機口的號碼,一邊急急地安慰著他:「放心。放心。伯伯跟著我走。伯伯放心。跟著我。……」

穿著高跟鞋的我帶著穿球鞋的探親老兵跑機場,我從沒跑那麼快,跑那麼喘,還要邊跑邊安撫老伯伯。伯伯的手提行李有三件,很沉、很實、很重,都沒帶小輪子,這時候也沒時間去找推車了,我幫他提一件行李,朝確定的方向、確定的登機口跑。那時候我是小姐,也是都市貴族(在臺灣,未婚女子美稱「單身貴族」),這個樣子確實不雅。但我必須幫伯伯趕上飛機呀。

帶著伯伯順利抵達登機口,看他喘著大氣,額頭汗珠直冒,兩眼熱淚盈眶,我不由得心疼起來,想想若是我的老爸到了這個「巨大」的赤鱲角機場,也會出現這樣的忙亂呢。他也會像這位伯伯一樣慌亂緊張的。

這時,伯伯卻一直在趕我走,怕我誤了我自己的班點。他千感恩、萬感謝,說:「搭飛機太辛苦,這個機場太亂了。」我明白他的意思是說赤鱲角機場太大了,讓人找不到方向。我一邊點頭應著,一邊陪著伯伯排隊登機。伯伯一直在抹眼淚,我知道他不完全是為了我的幫助而感動流淚,他是急得害怕趕不上飛機呢,我們在提著行李奔跑時他就一路在哭,伯伯的襯衫全都濕透而發出陣陣汗臭味。而他的心上,也一定是七瓶子八醋全打翻,五味俱全呢。要知道,這次趕飛機,也許是他望眼欲穿了不知多少個春夏秋冬後的第一次返鄉呢!

把手上從「貴賓廳」取的養樂多飲料及叉燒包塞給伯伯,看

著他進艙。我才舒了一口氣，也可以完成在赤鱲角機場好好逛一逛的「夙願」。後來，在逛了機場幾個免稅店後，才發現手上還拿著吃了半包的「新東陽筍豆」，才恍然大悟為什麼伯伯找到我的第一刻叫出「新東陽，新東陽」來的了。只有臺灣人認得「新東陽」，「新東陽筍豆」的包裝很好認，或許伯伯也吃「新東陽筍豆」？

　　「老兵探親」，真是太艱難了……

　　有了這次赤鱲角機場的經歷，我命令式地交代，「老爸探親不准過境香港赤鱲角機場，只能從澳門機場轉機。」儘管從澳門機場轉機的機票要多花費幾百塊台幣。

　　後來我的業務常有電子零件從廣東貨送香港，再轉運歐洲，我便時常注意赤鱲角機場貨運大樓的運作狀況。從中感受最深的還是大陸的發展對香港經濟的良性拉動作用，這遠不是傳言中的悲觀預測，那些捕風捉影的虛構總是經不住時間的推敲。經過幾年的發展與完善，有著與「臺灣老兵」般曲折而艱難身世的「赤鱲角機場」，已躍升為世界五星級、全球最佳、貨運量稱冠五洲、二〇世紀十大建築之一的「香港國際機場」了。

　　再後來，兩岸竟然通了航！可惜我老爸沒經歷兩岸直航的時代。老爸的家鄉徐州張集鄉賀樓村，距徐州新建的現代化「觀音國際機場」只有區區五公里，從賀樓村十分鐘就可抵達機場！……早期探親卻是多麼辛苦啊！豐原到桃園，桃園到香港，三天停留辦臺胞證，香港飛南京，南京停留兩天買去徐州火車票，再搭火車到徐州，到了徐州，再搭公車才能到賀樓。……而現在，通關候機兩小時，徐州飛臺灣桃園兩小時，再個把小時就到家、到臺灣豐原的家。

　　這就是時代與國家的進步。

二十六
與老爸有約

　　哲人說：「女兒是上世的情人，從前世跟到今世，也就獲得了她心愛的男人的所有心疼。」

　　細細一想，果真如此。我的老爸也是把他所有的心疼都給了我。我很想對生我、愛我、疼我的老爸做一個「全息」描畫，但我才薄力淺，只能想到哪兒，說到哪兒地說一說他了——

　　我以為，我的老爸就是個普普通通的臺灣「老芋仔」。

　　論開講（政治態度），他是對「藍綠橘」都有意見的評論者；論禮數，他很重視紅包白帖；論住居，他很謙卑地與街坊鄰居和睦相處；但若是與兒子、女婿、牌友談論麻將技巧，他又是個老滑頭，只認贏，不認輸；與兒女融資借貸，分不可缺、文不可少，頭腦精光，騙他不到。

　　不記得何時，老爸爽朗的個性消失了，說話反覆不定，太會吹毛求疵；情緒起伏不平，舊帳總要新算；但又常常是在乎小錢，忘了大錢，有了心臟病，彷彿也多了疑心病。

　　最關鍵的是，他什麼都要「藏」。他藏存款簿，在枕頭下；藏現金，在坐墊下；藏金戒指，在襪子裡；甚至把臺胞證，藏在廁所衛生紙盒下。但是，他藏健保卡，則每次位置都不一樣呢。不管藏多少東西，每當他找不到時，便需要全家總動員，我們都必需要幫他找。什麼都可以沒找著，但如找不到那「臺胞證」，

老爸立刻急得變成「老芋怪」，怪東又怪西，怪南又怪北，怪妻又怪女，或是變成會哭的老怪怪。讓你拿他沒有了一點點的辦法。

其實，老爸就這樣⋯⋯老了⋯⋯

回老家的願望

老芋仔在家的最後一年，蛻變成一個聽話的「老呆子」。這麼稱呼我的老爸，在外人眼裡或許很不可思議也很不孝道。但諸多鄰居、親朋、好友，鮮少有人留意到我老爸──那個外省老芋仔正在多麼快速地萎縮凋零。沒人能搞得清楚，若是讓老爸自己管理自己，你就不知道他究竟吃藥了沒？還是他一口氣已吃完當天所有的藥。

四個孩子的名字都是老爸自個兒取的，如今他卻叫得顛三倒四。

白天呼呼大睡的他，晚上則不讓電話休息，忙著四處叫大家起床。

老呆子開始作很多夢⋯⋯睡醒了他也搞不清楚人是在臺灣，還是在大陸？睡醒了，看到客廳的燈亮以為是白天？睡著了，卻真正是在太陽當頭的大白天，且一睡三兩個鐘頭⋯⋯社會風氣日下，經常有些不明不白、亂七八糟的電話。為了防止意外，我們把老爸的存摺都收起來，告訴他不要接那些詐騙電話，結果我們掛過去的電話，響他兩百響，老呆子也不肯接⋯⋯老呆子只不過走到巷口倒個垃圾，就找不到回家的路。弟弟綁了一條布帶在他腰上，寫上聯絡電話號碼，老呆子卻拿來纏綁行李，準備明早搭飛機回老家。三不五時弟弟騎摩托車偷偷過來站在他睡房外，聽

到打呼的響聲，確定老呆子今晚沒提著包包去搭飛機，才敢回家去睡覺──那些「三不五時」基本都發生在凌晨三點、五點。因為老呆子總是在凌晨做夢，睡醒就準備要去搭飛機，回大陸老家。

老呆子什麼都不在意了，失去喜怒哀樂，失去所有物質慾望和價值觀，百般依賴聽媽媽的話，只等著媽媽再帶他回一次老家。

老呆子有兩個家。居家在臺灣，老家在大陸，老呆子老了就只想回老家。

老呆子漸漸失去語言能力，乾脆放棄講話，但是他背起打好結的包袱，就毫不含糊地堅持想回老家。老媽停了訂的報，畫眉鳥連鳥帶籠送了人，好專門照看他。她陪著他上街，兩人走著走著，走累了，她就必須想辦法把老呆子先騙回家睡覺，才能安下心來做點別的。

老媽老來得子，得了一個老兒子，她便認命這是上蒼對她的恩典，有了這個兒子，也就換來兩老相偎相守、日夜不離不棄。二十四小時，被老媽當作四十八個鐘點用。老媽可以用一整下午的時間，幫老爸爸「打理門面」，刮鬍子、修鼻毛，累了，老爸準備小憩一小時，卻打呼兩小時。醒了拿把牙刷給他，他也就乖乖地坐著慢慢地刷，媽媽由他隨便刷，刷他半小時也沒關係，反正時間很多。

此時，老爸退化到四、五歲的智力，需要媽媽餵飯喝湯，一口一口地餵。老媽一點也不急，有的是時間，一輩子的時間。

老爸很聽話，他是媽媽的老寶貝。但是他拿起打好結的包袱，就是堅持想回老家。這個時候的老爸好固執，說也不聽，勸也無用。只好哄他，讓他好好休息一下再上路。老爸聽話地

睡了，迷迷糊糊中把夜晚的燈亮作白天，他又要拿起包袱回老家……

您知道的，老呆子有兩個家。

父母在，不遠遊

每每憶起老爸已屆終點站的那段時光，妹妹總是不勝唏噓。

父親過世前曾有一次中風，那天她正好在外參加進香團，在遊覽車上接到此消息，恨不得立刻插翅飛到父親身邊。事後她相當自責，怎麼剛好這天去進香呢？進香是祈禱，是期望，偏偏老爸仍然會中風。

二○○六年三月十一日，妹妹帶著四個孩子前往臺北國家戲劇院看《歌劇魅影》。

送孩子進劇院後，她本想找個地方歇息、喝杯熱茶，結果椅子都還沒坐熱，就接到父親的病危通知。身為大姊的我在電話那頭催促她放下孩子，速速回豐原見父親最後一面。然而「臺北——豐原」非一時三刻可抵達，妹妹就這樣錯過了與父親說一聲「再見」。

那三個月，妹妹有兩次刻骨銘心的錯過，這份牽掛的心疼與自責，一直在她心中，無法忘懷。每每提起，她就神情黯然。我想，她也一定理解了老爸爸對大陸故土的那份近乎畸態的依戀之情吧，那是一種更揪心更蝕骨的錯過呦。

孔老夫子所說的「父母在，不遠遊」，竟是親身經歷、如粉碎般疼痛後，才能真切體悟到的哲訓。

父女的約定

　　老爸爸就這樣走了，回他夢牽魂繞的老家了⋯⋯

　　約莫二十天後，先生與南非來的Peter也先後依約抵台。一天下午，我們待在玻璃冷氣房的會議室，被一連串無法破解的電腦指令搞得焦頭爛額。甩下丈夫與那些工程師，Peter邀我到樓下喝咖啡。相識共事五、六年的Peter已經是私事、公事，甚至國家大事都可不用打草稿、恣意暢談的朋友了。

　　Peter問我爸爸是基督徒嗎？

　　「以前是不是基督徒我不確定。但我確定他現在也『阿門』了。」

　　Peter問：「為什麼？」

　　我說：「我幫老爸叩門，祂（上帝）必回應。」我簡略的向Peter敘述老爸八十歲生日那天，我利用老爸短暫清醒的片刻，徵得他的同意，馬上拿出包包中的《新約聖經》，腦中臨時閃出約翰在約旦河為耶穌受洗的畫面，輕易地翻到《約翰福音》第一章第三十三節，先祈禱請求上帝的允許，再代約翰為老爸受洗。

　　老爸的手按在聖經上，隨著三十三節步驟，以杯水充當聖水，在老爸額頭上象徵性點了一下，還沒完成受洗儀式，老爸又已經呼呼大睡。我心裡有數，這是最後的日子。在聖經的最後一頁，我寫下父親的聖名為「約伯」，將來上帝引領的日子，好讓上帝知道父親的基督聖名叫「約伯」，那本跟了我二十年的聖經，後來也跟著老爸一起回歸于上帝。

　　Peter靜靜地聽我一字一句述說。

　　我說：「我自作主張。當時媽媽還不是佛教徒，而老爸又

沒宗教信仰，我確認上帝的終極國度是個好地方，因此為他受洗。」

小時候，父親帶我上教堂或許是隨便玩玩，或許是受不了傳教士、神父、修女的關說，但是我選擇父親八十歲生日這天為他受洗，是我父女的約定。我們共同約定一個相知的國度，我們有許許多多未完成的話題可繼續爭辯，我們有許多事情要一起完成……皮沒削乾淨的蘋果，我們共同啃完；我沒寫完的作業，爸爸會在旁邊盯著我寫；被摩托車撞傷了腿，爸爸會騎腳踏車送我去上學；餓肚子了，老爸會馬上去炒一盤拿手蛋炒飯；要參加書法比賽，爸爸會幫我買新毛筆——這次他也會記得先用溫水泡開……

為了我，爸爸什麼都願意做。這一生，老爸已經為我做那麼多……從來不要求我讀書要第一名，不要求我上學要早到，不盯著我快快去交個男朋友好嫁人，更不用說逼我做飯、洗衣、打掃環境衛生……爸爸只拜託我幫他抓背，他開完計程車回到家要抓抓背；他夏日拖了一卡車高麗菜，滿身的汗臭回來，我還來不及躲開也要抓背；他打麻將贏錢回來，分紅完，我當然要幫他抓背；他稍有年紀後開廣告車，遇到冬天大寒流，貼海報紙而手冷腳麻，回到家累了我還是要去幫他抓背；他老了當守衛，夾克一脫，架勢擺出來，我自然也要去幫他抓背……我與老爸約定，即使將來相會于天國，我也會繼續幫他抓背……

我願繼續幫老爸抓背，因為這是一個女兒從小就做的小事，也是她最篤誠的心語……

小時候喜歡站在老爸背後，既是抓背又同時向他撒嬌，喜歡聽他講外面世界的故事，喜歡幫他計算計乘車小盒裡的零錢。站

在他的背後就能聞到父愛的氣息，就能聽到他滿足的舒服歎息，就能看到他的小平頭，雖然總是黑的變少，灰的變多，但能感受到父女連心的那份真切的疼與愛……

　　我告訴Peter：「這是我們的約定。一個中國父親和他的女兒的生死約定。在這個世界上，沒有任何力量和因素，可以打破我們的生死約定。」

　　我看見，Peter眼裡盈著熱淚，滿心欽佩地在聽我說我和父親的故事。雖然他是一個典型的西方男人，但是，他聽得懂一個東方女人和她父親的故事。因為，這是人類本性的平凡卻真實的故事，與宗教無關。

二十七
無法來台奔喪的遺憾

　　二〇〇八年十月，我帶了一片DVD及一部電腦，又回到了夢魂牽繞的賀樓村。

　　DVD的是父親人生最後的旅程——二〇〇六年三月十九日的葬禮儀式上的一百多張照片。依照臺灣傳統，不該在喪禮上拍照留念，但是我夢月哥因無法取得入台許可證，無法來台奔喪，因此答應了夢月哥的請求，在父親的最後圓滿日全程拍照，也不在乎這麼做是否違背臺灣的傳統禮俗了。

　　我此次的返鄉探親，距離上一次整整十年。徐州變化真的很大——賀樓村旁蓋了觀音國際機場，村口外的省道公路又寬又闊，十分壯觀。只可惜進出徐州市都要繳高額的過路費，對農民進出買賣都是很大的經濟負擔。公路兩旁原先記憶中的土樓、老磚瓦建築全部拆除，取而代之的是很現代化的新式大樓，商店、飯店鱗次櫛比、琳琅滿目，百姓生活已是一片錦繡了。

　　回到賀樓的第一天，我便一戶一戶的去拜訪會見所有的親友。可惜村裡的親戚有許多都已外出打工，或在寄宿學校裡學習；許多位記憶中的老大哥、老大嫂都已離世再也見不到；幾位不認得的晚輩稱呼我為「奶奶」，更多了幾位那幾年出生孫字輩的稱呼我「姑奶奶」……村中人口增加很多，只是，只是村民的熱情劇減，我不認識他們，他們好像也沒有興趣認識我，彷彿我

就是誤闖進他們世界的陌生客，心中便有了淡淡的落寞與感傷。

時間飛逝，感覺大陸的變化也真是大啊！

是的，但說這賀樓村都比原來進步了，漂亮了！甚至可以說都翻天覆地了。原先的泥巴路已改鋪水泥，便於汽車行駛。家家戶戶買得起摩托車、耕耘機了。村裡處處都是獨棟洋房，棟棟圍牆高高、庭院深深。但是村子內的白樺樹卻幾乎被砍光了……白樺樹哦，臺灣沒有白樺樹！記得九二年元月的返鄉探親，賀樓的冬天氣溫零下十度，再加上農村沒有暖氣，我們兄弟姊妹四人晚上似蟲，白天如龍！——晚上，我們都躲在上下合起來五層的被窩裡；白天，我們則穿的厚厚的，外出去踩雪、去踩小湖湖面冰塊、循著野生動物腳步去找休耕農地上的狐狸洞或野兔……那些小獸的腳印兒，帶著歸家的歡快，循向遠方的深林，遠方那一排的白樺樹，披上銀白色的雪衣煞是好看。愣是生生迷醉了來自亞熱帶氣候的臺灣、從沒見過下雪場景的我們四個……而我記憶中的那一排排漂亮的白樺樹已無蹤影，空留下我無法敘說的惆悵……

沒變的只有夢月哥。他仍然是那麼欣喜萬分我們的回鄉——父親已經遠行，但我們的體內仍然流著他老人家的血哦。我們依然惦念著這位遠在故鄉的大哥哥，這也許就是夢月哥最感欣喜的安慰吧。因為我知道，許多與大陸兄姊，同父異母的臺灣弟弟、妹妹，在父親一「走」之後，也就斷了與大陸兄姊的聯繫，斷了那根一衣帶水的臍帶。這好像也無可厚非？——但我和我的弟弟妹妹們無法這樣做，我們仍然認為：父親的根，就是我們的根。

賀樓村，就是我們的老家。

夢月哥也是這樣認為的！

　　到家第二天，我讓夢月大哥通知侄子、侄女及全家兒孫共同來看我帶的DVD碟片，但只限我們自家人，不對外宣揚。

　　大家很快聚集在夢月哥家的小客廳，或站、或坐在小板凳上，他們甚至把院子大鐵門都關了，謝絕訪客。夢月哥也似乎預先知道照片播放內容，他早已備好電源線及小桌子讓我擺放電腦，我更訝異晚輩們都穿著素色衣服，大家都鴉雀無聲耐心地等電腦開啟光碟片……

　　「父親二〇〇六年三月十一日安詳去世，享年八〇歲……」

　　相片一幀一幀地閃現……思緒回到二〇〇六年三月十九日，那一天，星期六，家奠地點就在合作新村小巷內，儀式開始於早上十點。夢月哥在九點多從大陸打來國際電話，我接的電話，還沒開口說話，電話那頭的夢月哥已是泣不成聲，電話中他一直責難自己連送老爸爸最後一程的機會都沒有，他是何等的萬惡，他是何等的不孝！……而電話這邊的我已完全沒有氣力去安慰他或說服他，把電話交給母親，夢月哥最聽她的話，母親徐徐緩緩、不慌不忙告訴他，今天是老爸爸的大日子，老爸爸高壽八十，我們家貼紅紙。今天是個圓滿日，讓他走得安穩無牽掛，我們都不哭……我聽到媽媽還安撫夢月哥說「頭七」長子該準備祭品，媽媽已幫夢月哥代為準備牲禮作為祭品，老爸爸的葬禮儀式全程是以三個兒子的程式來進行……電話那頭，夢月哥不再哭泣，但是他帶著遺憾——終身遺憾——無法參加等待四十年才相認的父親的喪禮。

　　父親一生收過紅帖白帖無數。早期父親收到紅帖我們笑稱紅炸彈，多半是結婚喜宴，大壽或喬遷新居，包一個紅包吃上一頓。在父親還有工作時期收到帖子時，還沒什麼問題。但在父親七十歲退休後，收到的帖子多半是老戰友去世的傷心事，每次參

我與夢月哥手拿饅頭站在父親的遺像前

加完喪禮後回到家，父親就念念有詞「禮金包多，自己受重傷；禮金包少，尊嚴受批評。難道一輩子的戰友、難友關係必須與禮金劃上等號嗎？……」父親多次交代我們，他自己的喪禮簡單隆重就好，以最經濟的方式辦理，絕不收「奠金」。

在父親的喪禮上我們遵照遺囑不收「奠金」。所有前來參加家奠儀式的親友準備的「香儀」白包，姨丈朱更戌幫忙登帳，一一在禮金簿記錄下金額，抽出包中金錢，再放入我們預先準備的紅包袋並附上早已寫好的謝文，退回給來參加告別式的親戚及朋友們。父親的葬禮我們也收到許多地方民意代表的花圈、挽聯及果盤、罐頭塔，所有的水果、泡麵、罐頭我們在儀式後就讓親友自行挑選帶回自家。除了父親的老戰友，都義務性加入治喪委員會。母親娘家親友數十人也是全部到場，我們都有準備毛巾禮盒回贈，感謝他們在百忙中忍受舟車勞頓的辛苦，前來參加父親的喪禮。

而外賓部分，國民黨、民進黨、親民黨、地方議員等多人，特別是豐原市市長張瀞分女士親臨告別式拈香及鞠躬，讓我們都

「倍感驚訝」，心存感激。在告別式禮堂上十幾個挽聯，最醒目的有宋楚瑜送的「德範長昭」，臺灣駐丹麥王國代表處送「道範長存」以及馬英九送的「高風安仰」。其中從丹麥代表處送來的挽聯，是我自己打了一通國際電話回丹麥而求得的一幅挽聯，其餘都是各民意代表及各黨部在豐原的辦公室主動送來的挽聯。

對於父親，這是他逝後的最高榮耀了。

家人們聚集在夢月哥家小小的客廳，屏氣凝神地觀看父親的葬禮儀式。因為我從沒參加過大陸地區的葬禮，無法敘述台海兩岸間葬禮的差別，母親為老爸爸張羅的葬禮是遵照臺灣傳統禮俗道教流程，不過守喪期間亦有佛教團體主動來結緣幫忙「助念」，幫助往生者放下罣礙，心求佛國淨土。

夢月哥從觀看照片的第一張一路哭到最後一張，只見他默默一直擦淚，全程沒發問。侄兒祥豹問題比較多，當他看到馬英九與宋楚瑜送的挽聯，真以為臺灣的爺爺是一位豐功偉業的大將軍，我只好漏氣地說明，在臺灣為了選舉選票，所有臺灣人的喪禮都會收到民意代表的挽聯，甚至包括最高領導人陳水扁等。

當祥豹一聽到「陳水扁」三個字，眼睛一亮，情緒瞬間變得憤怒，話說得斬釘截鐵：「國仇家恨，兩岸分隔，讓爺爺四十年孤苦無依，好不容易相認，還僅只有八次會面，十個月相處！」

話到這裡，我心戚戚：父親是軍人下崗，身無積蓄，到七十歲還在做著守衛工作，賺取些微銀兩糊口吃飯。累積兩年的積蓄，累積兩年的假期，才能回一次大陸探親哦……更怪我們兄妹四人不善經營，成不得大富大貴……

祥豹體會不到姑姑深深的自責與遺憾，自顧義憤填膺：兩岸交流後，本來對臺灣的生活富裕及人民民主涵養是刮目相看，

心想大陸應該是多多與臺灣交流，互補長短；想不到民進黨，民主進步黨執政後……祥豹話鋒一轉，反問他身心深陷疚愧中的姑姑：「民進黨的述求不是『站在人權之上，追求民主嗎？』……兒子送老爸最後一程，兒子給老爸奔喪，這不是天經地義嗎？要什麼狗屁入台許可證……他們是不是人啊！……」

面對侄兒的發問，我心哀痛，卻無法用已被疼痛擊潰的思維來解釋，只能憑著記憶的碎片，答非所問：民進黨豐原市黨部也是派人送來陳水扁的挽聯……我們明確告知的，你爺爺是宋楚瑜忠實粉絲，不支持台獨……因此不方便接受他的挽聯。

姑姑的答覆澆滅不了祥豹心中的怒火，他恨恨地告訴大家：在徐州警察局辦理親屬關係去台探親等申請，在那一期間全部被臺灣方面擱置。很多人也許是最後一次的探親探病，都很遺憾地沒能去成。他咬牙切齒地說「那時很著急啊！喊天天不應，呼地地不靈……就是那個陳水扁，他執政麼。他硬是不批准我老爸去給爺爺奔喪呢！……」

夢月大哥家的小客廳裡，本來大家還是含著眼淚看一百多張的喪禮照片，後來卻轉變為罵聲連連，罵的是我曾經驕傲的臺灣政府、臺灣富有、臺灣民主……對大陸親人的指責怒罵，我只能啞然。我無法回答，為什麼民主進步黨主政的政府，不批准我夢月大哥來臺灣為他的親生父親探病奔喪？為什麼？……

我答不出來。

真的答覆不出來！

我只得起身，急急地從充滿咒罵紛囔的屋裡走到屋外的陽光下……碧空清湛，秋日靜美，空氣裡彌漫著穀物的芬香，有孩童們歡快的嬉戲聲從院牆外銀鈴般傳來。

我突然發現蹲在院牆角落裡的夢月哥，他正對牆角佝僂在

那裡，背影像被抽去脊柱的玩偶，肩頭因為抽搐而無法抑制地聳動著，像一個滿腹委屈卻白髮蒼蒼的老小孩子，口唇間含混不清地喃喃：「……媽哎，你遇見了嗎？……媽，你遇見爸了吧？……」

（完）

跋
生活繼續

　　誠如本書的題目——「為臺灣老兵說一句話」——終於算是把這本為父輩生活、生存與苦惱、苦難一輩子留照的小書編輯好，說出了「一句話」，我也長籲了一口氣。感覺完成了老爸的夙願，也完成了我作為一個臺灣老兵第二代的疑惑與心思。

　　曾有朋友問，為何不把那些臺灣老兵故事多加些緊張、刺激、精彩的情節寫成小說，搞不好將來可拍成電影、或拍成電視劇？……這問題讓我聯想到金庸的武俠小說，金大俠是寫小說，寫傳奇，而我不過是記錄了一些真實人生，憑真實的感覺走。

　　那朋友接著問，你的電子零件生意好好的，幹嘛要去兼副業記錄什麼什麼的？……

　　我答了，是啊，就因為國際貿易是我的本業，讓我有機會在海峽兩岸飛來飛去，讓我看到、悟到這一群特殊的臺灣老兵，因為民族與歷史的因果，讓他們有了兩個家，回了大陸老家，牽掛臺灣的家；待在臺灣的家，卻又想回大陸老家。他們自己都很矛盾。並且兩邊的人都把他們當了「外人」，臺灣人稱呼他們外省人，大陸同胞稱呼他們臺灣人。他們真是這個中華民族的邊緣人。

　　朋友繼續問，寫了一本你老爸的書，怎還又繼續？我再答，沒辦法，我媽媽的王家姊妹全被老兵給「解放」了。我有五位老

兵姨丈，我有五位老兵乾爹，我有五位老兵鄰居，我有五位老兵清潔工，我有五位老兵……管、管、管，夠多了，我繼續回答他，如果我不寫，誰來寫？就是因為艱難，才叫做使命。

那朋友聽了我的回答，笑了，欠欠身子再問，把「寫老兵故事」當作一個「使命」，也未免太自命清高了吧?!……

這倒把我問愣了。想了想才微笑著說，我老爸爸賞了我一個「耳光」，且最後叮囑我「賢君啊，女兒啊，你要堅持，要堅強，不要忘了，妳是軍人的女兒……」從此，我無數的睡夢，進入爸爸的故鄉；無數的思念，進入爸爸的懷抱；一遍又一遍地回憶聽爸爸說過的故事，伯伯們說過的故事，一遍又一遍地氣餒，一遍又一遍地自己堅強起來……

於是，我寫了五年。

父親賞耳光的「印記」早已消退，但是父親關愛慈祥的眼神銘刻在心靈深處。

原來是使用鉛筆寫老兵故事，再請學生中文打字；原來是提筆忘字錯字一大篇，還要用英文字典找中文；原來是電腦鍵盤中文與英文混亂，還有丹麥文輸入來插花……就這樣，把那些老兵的故事敲啊敲啊，一篇篇真實的文章出現，一篇篇哭泣的文章譜出……慢慢我發現歐洲的舒適生活，不再能維持我靈性生活的高度；慢慢我發現國際貿易的工作，不再能說服我傾注心力去接受挑戰；慢慢我發現觀光旅遊，不再是我工作的積極目標；慢慢我發現唯獨老兵故事，能觸動我的第六感神經及敏感疼痛。我只想回到中國，在一峽兩岸間，發現身邊俯首可拾、處處都有的老兵的故事，老兵故事太多了，都隱藏在生活的邊邊角角的瑣細裡，要我細細地找尋。

在許多的、萬籟俱寂的、伴隨眼淚的夜晚，敲出了一篇又一

篇父輩們的故事……

就這樣，那些老兵故事寫啊寫啊，一直寫了五年。

心裡明白，咱的老兵故事很獨特，咱的老兵語言很個色，老兵的命運卻幾乎非常一致，他們是歷史的一個獨特的痕跡。

但是我的寫作水準、我的文字表達，是否會羞了老兵的臉？是否違了老爸交給我的使命？回顧寫作的過程，只有三位讀者願意聽我說這些故事。

每一篇故事透過國際電話一字一行一段的念給在合作新村小巷的母親聽。念給賀樓村放羊的夢月哥聽，有時電話那頭變得很寂靜，我的聽眾竟然睡著了。不怪他們，母親與夢月哥都老了，我這個有時差的國際電話老是在他們累了的時候打，真的不怪他們。

我的每一篇故事也會翻成英語念給老外先生聽。他從那篇「上山下鄉」的故事，自己就構思了一個旅遊的畫面，聽完故事卻眼神懷疑地看著我，不懂得我的「大頭夢」與當銅山縣長有何關係？他又從我那句翻譯不恰當的老兵口頭禪「你媽個逼」反映出驚心動魄、冷汗直冒！這個中國人老婆是怎麼回事？老婆辛苦書寫的文章通得過書審嗎？他又從老兵帶回的小龍珠茶那篇故事中直歎「中國皇帝真不可思議，怎能喝那東西？」但是我的外籍老公卻在聽了老兵把金戒指投入老井的故事後，流下同情的眼淚。

哇！我好高興啊。我確定我的外籍夫婿終於聽得懂我的老兵「想家思親」的故事了。

不記得是何時，學過一首詩。

詩的原作不是我想要評論批註的重點，但是其中的一句被我固執地背錯了，而且將錯就錯若干年。背錯的那一句是「除卻烏

雲不見山」。從那個不記得是何時錯了詩的日子開始，我的人生就總是想要排去烏雲、克服萬難，尋得我的人生的那一崇高目標或是那一座安穩依靠的大山。尋得大山，即使我多麼渺小，都能安心睡著。

我一直以為我的人生中有兩座大山，一座是生我養我的父親，一座是愛我疼我的夫婿。而在這本小冊子完成的時候，我感覺我尋到了第三座大山，那就是文學的大山。三座大山，讓我可以依靠，可以安眠，而且，有了一個人生的方向。

《為臺灣老兵說一句話》即將付梓之時，我還要感謝一位文學前輩、大陸作家王澤群先生。我與王澤群先生從未謀面——我們所有的交流與探討，都依靠這現代化的網路來完成——正是他肯定了我選擇的這個課題，並對我所有的文字做了必要的、精准的、美麗的處理。我對這位王澤群老哥哥的感謝是無以言表的。這才是一峽兩岸人民親兄弟一樣的情誼。

是為後記。

周賢君於哥本哈根　二〇一四年九月　識

國家圖書館出版品預行編目

為臺灣老兵說一句話 / 周賢君著. -- 臺北市：
致出版, 2019.03
　　面；　公分
　　ISBN 978-986-96827-7-0(平裝)

　1.軍人 2.臺灣傳記

783.32　　　　　　　　　　108002276

為臺灣老兵說一句話

作　　者／周賢君
出版策劃／致出版
製作銷售／秀威資訊科技股份有限公司
　　　　　114 台北市內湖區瑞光路76巷69號2樓
　　　　　電話：+886-2-2796-3638
　　　　　傳真：+886-2-2796-1377
網路訂購／秀威書店：https://store.showwe.tw
　　　　　博客來網路書店：http://www.books.com.tw
　　　　　三民網路書店：http://www.m.sanmin.com.tw
　　　　　金石堂網路書店：http://www.kingstone.com.tw
　　　　　讀冊生活：http://www.taaze.tw

（簡體版書名：伯伯們的路）
出版日期／2019年3月　　定價／280元

致 出 版　　　　　　　　　向出版者致敬